In der Alten Schönhauser Straße 46 in Berlin-Mitte gibt es ein Restaurant, das vor vielen Jahren schon zum internationalen Pilgerort geworden ist. Es ist das Lokal von Monsieur Vuong. Sein Bild hängt an der orangerot leuchtenden Wand und ist inzwischen dessen Wahrzeichen geworden. Aber halt, das ist der Vater, ein Porträtfotograf, der 1987 mit seiner Familie von Vietnam nach Deutschland kam und mit 24 dieses »Selfie« schoss. Sein Sohn Dat ist der Besitzer des Lokals, vor dem sich stets lange Schlangen bilden. Kein Wunder, denn die Gerichte schmecken himmlisch und sind von einer wohltuenden, unprätentiösen Schlichtheit. Sie sind authentisch, denn Dat Vuong, der kulinarische Botschafter und kulturelle Grenzgänger, kocht in der Tradition seiner Mutter und kehrt immer wieder an seine Wurzeln, nach Vietnam, zurück.

Wer einmal bei Monsieur Vuong gegessen hat, kommt immer wieder. Wer einmal Dat Vuong begegnet ist, möchte die Geschichte kennenlernen, die zu diesem Erfolg führte. Höchste Zeit, ihm ein Denkmal zu setzen. Hier ist es, mit den schönsten Rezepten aus dem Lokal, für jeden nachkochbar, mit Tipps und Inspirationen und dem ganzen Flair einer vietnamesischen Garküche, die zum internationalen Hot Spot wurde.

Ursula Heinzelmann hat neun Bücher veröffentlicht, das jüngste über die »China-Küche des Herrn Wu«. Sie ist seit Anbeginn Stammgast im Monsieur Vuong.

Manuel Krug bringt als Food- und People-Fotograf seine Erfahrung buchstäblich ins Bild, wenn er Dat Vuong in Vietnam mit der Kamera zu den Wurzeln begleitet und im Monsieur Vuong über die Schulter schaut.

Ursula Heinzelmann

MONSIEUR VUONG

DAS KOCHBUCH

Präsentiert von Dat Vuong,
fotografiert von Manuel Krug

Suhrkamp

Dat Vuong dankt

Andreas Bodenstein
seiner Mutter Lê Thuỷ
Vương Khương Tấn
Đỗ Thị Lan
Vu Van Doanh
Nguyễn Binh Phương
Trần Thị Loan
Hồ Thị Thu Cúc und
dem gesamten Team von Monsieur Vuong

4. Auflage 2021

Erste Auflage 2016
suhrkamp taschenbuch 4756
Originalausgabe
© Suhrkamp Verlag Berlin 2016
Alle Rechte vorbehalten, insbesondere das der Übersetzung,
des öffentlichen Vortrags sowie der Übertragung durch
Rundfunk und Fernsehen, auch einzelner Teile.
Kein Teil des Werkes darf in irgendeiner Form
(durch Fotografie, Mikrofilm oder andere Verfahren)
ohne schriftliche Genehmigung des Verlages
reproduziert oder unter Verwendung elektronischer Systeme
verarbeitet, vervielfältigt oder verbreitet werden.
Gestaltung: Hendrik Hellige
Druck: optimal media
Printed in Germany
ISBN 978-3-518-46756-5

DAS MONSIEUR VUONG: TRAUM UND SEHNSUCHT.

Als Erstes steigt einem der Duft der Räucherstäbchen in die Nase, in der Alten Schönhauser Straße mitten in der Mitte Berlins. Man blickt auf, sieht rote Bänke und Tische, die große Tür bringt beim Aufziehen Glocken zum Klingeln. Im Restaurant mischt sich der Räucherstäbchenduft mit dem von Reis, Zitronengras, Koriander, leuchten Wände und Decke in warmem Orangerot, und ein französisches Chanson nimmt einen fröhlich schwingend in die Arme. Ein junger, schöner Mann blickt einen von der Wand mit dunklen Augen an: Willkommen im Monsieur Vuong. Eine vietnamesische Garküche. Und doch viel mehr. Denn dieser freundliche Ort ist die Keimzelle einer ganzen Bewegung und längst weit über Berlin hinaus so bekannt und beliebt, dass das Warten auf einen Platz an einem der einfachen Holztische ganz selbstverständlich ist.

Dat Vuong, der Besitzer des Monsieur Vuong, ist Vietnamese und 1987 im Alter von zwölf Jahren als Flüchtlingskind mit seiner Familie nach Deutschland gekommen. Warum er das Monsieur Vuong gründete und wie das Monsieur Vuong zu dem wurde, was es heute ist, ist eine außergewöhnliche Geschichte. Eine Geschichte von Flucht und Neuanfang, von Beharrlichkeit und Pragmatismus, Offenheit und Sehnsucht – und dem Zusammentreffen all dessen an einem ganz besonderen Moment in der Geschichte Berlins.

KINDHEIT. WURZELN.

Die Geschichte beginnt in Vietnam, und sie beginnt mit
Dats Vater, Hoanh. Es sind seine dunklen Augen auf dem großen
Selbstportrait, mit dem die Gäste im Monsieur Vuong begrüßt
werden und das längst zu dessen Wahrzeichen geworden ist.
Hoanh war ein erfolgreicher Fotograf mit eigenem Studio, der
mit Filmstars und Society-Größen seiner Heimat arbeitete, eine
Harley-Davidson fuhr und wie viele seiner Landsleute leiden-
schaftlich gern tanzte, als er als junger Mann aus der alten
Kaiserstadt Huế im Zentrum Vietnams nach Saigon kam, der
Hauptstadt Südvietnams. Hier wie auch dort mischte sich asiatische Kultur mit europäischer, standen buddhistische Tempel
neben Kathedralen nach dem Vorbild von Notre-Dame. In den
großen Cafés entlang der Boulevards lag der Duft von Eleganz,
Pariser Chic und frischen Croissants, in den kleinen Garküchen
der engen Seitenstraßen aber duftete es nach Nudelsuppe, Reis
und Fischsauce.

In Saigon heiratete Hoanh die junge Thuy Le, und Dat und
seine drei Geschwister verbrachten ihre erste Kindheit im gut-
bürgerlichen District 1, im politischen und wirtschaftlichen
Zentrum einer Millionenstadt. Thuy Le betrieb eine Vespa-
Werkstatt, und wie in Vietnam üblich lebte die Familie in den
oberen Stockwerken desselben Hauses. Ebenso üblich war, dass
Essen und Kochen eine zentrale Rolle im Leben einnahmen.
Der Anblick köstlich dampfender und duftender Kochtöpfe war
für Dat selbstverständlich, und er lernte von der Mutter, genau hinzuschmecken: »Hier fehlt ein wenig Süße, dort ist zu
viel Schärfe ...« Noch heute schwärmt er für Thuy Les gegrillten
Schweinebauch. Sein Lieblingsgericht war schon damals kara-

mellisiertes Schweinefleisch, Heo Kho Tộ, zugleich süß vom in Vietnam heißgeliebten Zucker und scharf vom schwarzen Pfeffer.

Neben der mütterlichen Küche lockten die vielen Garküchen in der Nachbarschaft, von denen jede ihre eigene Spezialität anbot. Manche dieser Unternehmen waren klein und mobil; sie bestanden aus zwei flachen Bambuskörben, die von den Betreiberinnen an einem über die Schultern gehängten Stab transportiert wurden, komplett mit Kochstelle und kleinen Hockern für die Kunden. Andere waren richtige Läden, die zur Straße hin offen waren und nachts wie Garagen geschlossen wurden. Überall duftete es nach brutzelndem Fleisch und leise köchelnden Markknochen für die Phở, die allgegenwärtige vietnamesische Nudelsuppe; Kräuter leuchteten, es türmte sich frisches Obst. Natürlich gab es in der Fülle dieses Angebots deutliche Unterschiede. Nicht alles war gut und gefiel, anderes wiederum war ein besonderes Highlight, und zur kulinarischen Bildung aus jenen Tagen gehörte auch der Grundsatz der Mutter, dass für ein gutes Essen kein Weg zu weit sei.

Ihr Sohn Dat lernte schnell. Bereits als kleiner Junge hatte es ihm die Wantan-Suppe einer bestimmten Garküche angetan. An einer Ecke im District 1 investierte er regelmäßig sein Taschengeld in eine dampfende Schüssel voller Nudelglück, und noch heute vergeht kein Saigon-Aufenthalt ohne einen Besuch dort.

FLUCHT, HEIMAT, TEMPEL.

Dat ist 1975 geboren, als der Krieg endete und das sozialistische Nordvietnam die Macht auch im Süden übernahm. Sein Vater hatte während des Krieges als Armeefotograf für die südvietnamesische Regierung gearbeitet, nach dem Fall Saigons landete er in einem Umerziehungslager und bekam Berufsverbot. Alles war im Umbruch. Wie würde es weitergehen? Für Südvietnamesen wie die Vuongs waren die Aussichten düster. 1981 beschlossen Hoanh und Thuy Le daher, mit ihren vier Kindern das Land zu verlassen und dies auf getrennten Wegen zu tun, um die Risiken möglichst gering zu halten. Thuy Le wagte die Flucht als Erste und nahm Dats Brüder und die Schwester mit. Sie wurden als Boat People von dem deutschen Rettungsschiff Cap Anamur aufgenommen und kamen über ein Aufnahmelager in den Philippinen nach Deutschland. Hoanh, Dat und seine Schwester Thy hingegen, die ihnen wenig später folgen wollten, wurden immer wieder gefasst, die Kinder landeten zweimal im Gefängnis. Erst der offizielle Weg über einen Antrag von Thuy Le aus Deutschland vereinte die Familie nach sechs langen Jahren in Solingen.

Eine Kleinstadt im Rheinland statt Saigon: Mit diesem Kulturschock musste der zwölfjährige Dat zurechtkommen. Ein buchstäblich kaltes Land, eine fremde Sprache, Currywurst und Pommes statt Nudelsuppe. Die kleine Schar von vietnamesischen Flüchtlingen in Solingen kämpfte gegen das Heimweh an, indem sie sich zum Essen trafen und die ihnen vertrauten Gerichte kochten. Das war nicht ganz einfach, denn das Angebot in den Solinger Supermärkten kannte damals weder Chilis noch Fischsauce, ganz zu schweigen von frischem Ingwer oder vietnamesischem Koriander. Doch Thuy Le war nicht umsonst eine hervorragende Köchin. Sie wusste sich mit dem zu behelfen, was die Solinger Läden hergaben, fuhr aber auch einmal in der Woche nach Düsseldorf, um sich in dem damals einzigen Asia-Laden der Gegend mit zumindest einem Teil der vertrauten Gewürze, Kräuter und anderen Zutaten einzudecken.

Ihre Kinder machten sich schnell mit der neuen Umgebung vertraut, gingen zur Schule und lernten Deutsch. Aber es war ein anstrengender Spagat. Wie ließen sich die zwei Welten verbinden? Als Dat sechzehn war, fasste er den Entschluss, in einen buddhistischen Tempel zu ziehen. Er wollte kein Mönch werden, wie seine überraschten Eltern anfangs befürchteten, sondern nach einem Weg suchen, die alte und die neue Heimat in eine Balance zu bringen. Intuitiv trachtete er danach, seine Wurzeln zu stärken, um der Gegenwart gewachsen zu sein, und lebte drei Jahre im Vien-Giac-Tempel in Hannover wie in einem Internat. Das morgendliche Fegen des Hofs war ebenso wichtig wie das Gemüseputzen in der Küche und der Schulunterricht, weil der Buddhismus sich ganz praktisch in den Lebensalltag integriert und diese Aufgaben als ebenso meditativ und spirituell empfindet wie religiöse Gesänge.

Diese Zeit prägte Dat sehr nachhaltig. Sie bestärkte ihn in seiner natürlichen Offenheit und Freundlichkeit, lehrte ihn, in schwierigen Situationen gelassen zu bleiben und aus dem eigenen Verlust heraus Verständnis für die Probleme anderer zu zeigen. Und sie gab ihm den Mut, sich zu seinen kulturellen Wurzeln zu bekennen – das war damals keinesfalls selbstverständlich. Vietnam bedeutete in Deutschland vor allem Apocalypse Now und Zigaretten-Mafia, und Buddhastatuen waren noch nicht zum Deko-Element verkommen, sondern außerhalb der wenigen Tempel schlichtweg nicht existent.

BERLIN. FREIHEIT. ENERGIE.

Dat war achtzehn, als er Freunde in Berlin besuchte. Nach dem Kleinstadtleben im Rheinland und der Zurückgezogenheit des Tempellebens war es Liebe auf den ersten Blick – »ich fühlte mich plötzlich wie ein Fisch im Wasser!« Er spürte die Energie dieser Stadt, in der so kurz nach dem Fall der Mauer und der großen politischen Wende alles im Umbruch war. Hier herrschte genau das lebhafte Chaos, das ihm (wenn auch in ganz anderer Form) aus der Kindheit in Saigon vertraut war, hier bot sich Raum für Entfaltung und Selbstverwirklichung.

Dat zog nach Berlin und studierte Japanologie, weil ihn die Ästhetik dieser Kultur faszinierte. Nebenbei jobbte er in Kneipen und avancierte dabei schnell vom Spüler zum Barmann und in den Service, weil er so viel Geschick im Umgang mit Menschen hatte. Selbst in schwierigen Situationen blieb er freundlich, offen und ruhig, verstand es zu entschärfen und zu vermitteln. Es fiel ihm leicht, neue Bekanntschaften zu machen, sein Freundeskreis wuchs. Er begann, sich zu Hause zu fühlen. Weil ihm der Duft der Garküchen und die Aromen seiner Heimat fehlten, lud er seine neuen Freunde zum Essen ein und kochte Vietnamesisches. Alle waren begeistert – und fragten sich sofort, warum es eine solch wunderbare Küche in Berlin nicht gab, wo sich die asiatische Kochkunst gerade erst von chinesischer Nummernküche zu Koriander-Thai und Sushi-Staunen mauserte. Dat erkannte seine Chance: Er würde den Deutschen die vietnamesische Esskultur nahebringen, Botschafter eines neuen Vietnams sein, das nicht mehr mit Krieg, sondern mit einer großartigen Küche assoziiert würde.

DAS ERSTE MONSIEUR VUONG. DIE ANFÄNGE.

Als Dat sein Studium abbrach, um Gastronom zu werden, musste er den offiziellen Weg der Bürokratie nehmen, denn das Konzept der Underground- oder Pop-up-Restaurants sollte erst viel später aufkommen. Sein Kapital war knapp und von Freunden geliehen. 1999 eröffnete er ein winziges Café unweit der jetzigen Adresse. Das Haus in der Gipsstraße Nummer drei, in dem das erste, 28 Quadratmeter kleine Monsieur Vuong residierte, hatte eine ähnlich wechselhafte Vergangenheit wie er selbst. Die Gipsstraße gehörte zu den ältesten Adressen des Scheunenviertels, und die Nummer drei war Altenpflegeheim, jüdischer Kindergarten, Sammellager während der Nazizeit und dann Musikschule gewesen, bis das Haus schließlich nach der Wende von Eva und Lothar Poll übernommen wurde. Das Rechtsanwalt-Galeristen-Paar restaurierte es von Grund auf und gestaltete es neu. Nachbar des kleinen Monsieur Vuong war das Restaurant Fournier, in dem Andreas Klöckner, der als Koch in Australien die Idee der Fusion Cuisine kennengelernt hatte, Südostasiatisches in den europäischen Kontext übersetzte.

Dat hatte das Scheunenviertel im Schatten des Fernsehturms hinter den Hackeschen Höfen im ehemaligen Osten der Stadt von Anfang an besonders gefallen. Die in Berlin so seltenen alten, niedrigen Häuser mit den kleinen grünen Oasen dazwischen strahlten einen besonderen Charme aus, eine sehr eigene Mischung von marode und lebendig. Er stand damit nicht allein. Die Spandauer Vorstadt, wie das Viertel zwischen alter Synagoge, Rosenthaler Platz und der Volksbühne korrekter heißt, zog in jenen Jahren Schauspieler und Fotografen, Filmleute, Sänger und Künstler an. Es war nie ein reiches Viertel gewesen, ganz

EXPOSITION NATIONALE
COLONIALE de MARSEILLE 1922
INDOCHINE

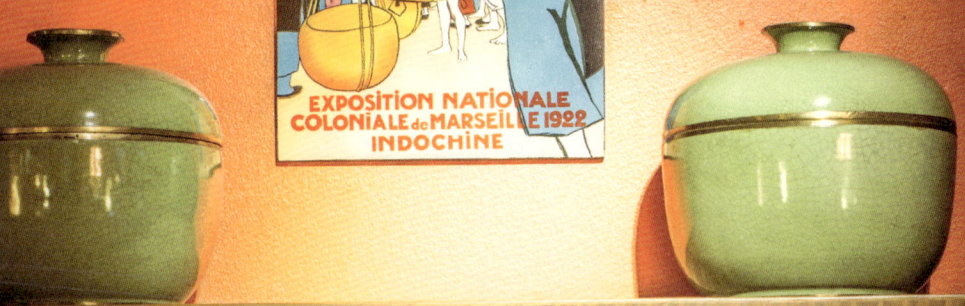

CARI
CURRY PASTE

RƯỢU NẾP CẨM
RICELIQUEUR

im Gegenteil, und die Stimmung war, wie auch im nördlich angrenzenden Prenzlauer Berg, auf inspirierende Weise frei von Normen und Erwartungen. Viele der alten Häuser waren noch unsaniert, es ließ sich Neues denken und wagen, während der Westen der Stadt der subventionsgesicherten, geordneten Vergangenheit nachtrauerte.

Dat fühlte sich hier wohl. Auch seine alte Heimat Vietnam vereinte so vieles scheinbar Gegensätzliche in sich. Neben dem Buddhismus gab es das Christentum, aber auch andere Religionen. Wie so viele Vietnamesen hatten die Vuongs chinesische Wurzeln, und Dats Großvater gehörte zu den Stiftern eines chinesischen, allen Konfessionen offen stehenden Tempels in der alten vietnamesischen Handelsstadt Hội An. Auch das inspirierte seinen Enkel, die vietnamesische Kindheit und das Erwachsenwerden in Deutschland mit seinem Leben in Berlin zu vereinen. Heute sagt er: »Ich schwebe tatsächlich irgendwo in der Mitte; es ist nicht wichtig, sich auf das eine oder andere festzulegen.«

Inzwischen genießt das Monsieur Vuong Kultstatus, aber die Anfänge waren schwer. Nicht die Spur einer Warteschlange. Auf Grund der eingeschränkten Konzession fungierte das Café in der Gipsstraße offiziell nur als »Ladengeschäft mit Verkostung«, es durfte dort nicht gekocht werden. Dat verkaufte also Kaffee, Zeitungen und Banh Mi, die vielfältig und üppig belegten Baguettes, die in Vietnam ganz selbstverständlich zum Straßenbild gehören und dort als ebenso »heimisch« gelten wie die Phở. Die ersten Gäste seines Cafés zeigten sich jedoch gänzlich unbeeindruckt. Einerseits waren sie enttäuscht, weil sie diese Baguettes als französisch wahrnahmen – was sollte daran besonders sein? Sie wollten das »echte« Vietnam auf dem

Teller! Andererseits, ging das? Vietnamesisch und gutes Essen? Das passte doch nicht zusammen!

Dat sah das alles ganz anders. Natürlich war das weiße Brot ein Relikt der französischen Kolonialzeit, aber doch wie so vieles andere durch Kräuter, Gewürze und Chili längst voll und ganz in die vietnamesische Kochkunst integriert. Das berühmte Huhn mit Reis aus Hội An? Den Chinesen entlehnt, aus Hainan. Die Paté auf dem Baguette? Ja, natürlich von den Franzosen (Dat verwendet sie gerne für sein Rindercurry). Die Schlüsselwörter der vietnamesischen Integration sind Vielfalt und Balance. Süß und salzig, sauer und scharf, viele unterschiedliche Texturen – alles zusammen, das schmeckt nach Vietnam. Erdnüsse knuspern auf glatten, weichen Nudeln, rohe Gemüsestreifen und frittierte Schalotten auf dem Curry mit Reis, und als »vietnamesischer« Faktor kommt in jedem Fall Fischsauce dazu, aber auch Knoblauch, Limette, Chili und Zucker.

Dats Vater war von vorncherein skeptisch gewesen: Fischsauce, die aus mit Salz eingelegten, fermentierten kleinen Fischen entsteht, sei zu fremd für deutsche Gaumen. Dat solle doch lieber einen chinesischen Imbiss aufmachen. Neben dem Buddhismus und all den anderen Religionen spielen die Lehre des Konfuzius und der Ahnenkult in Vietnam eine wichtige Rolle, den Eltern war bedingungslos Respekt zu erweisen. Aus Respekt vor seinem Vater suchte Dat nach einem Mittelweg. Nach etwas, das zwischen den Kulturen vermitteln könnte, seinen Gästen halbwegs vertraut wäre und doch ganz Teil seiner alten Heimat: Banh Mi.

Aber wie es bei Kompromissen so ist, es funktionierte nicht. Die Umsätze und somit Dats finanzielle Mittel hielten sich weiterhin in Grenzen, und so blieb das Monsieur Vuong eine One-Man-Show: Dat kaufte ein, Dat putzte, Dat kochte. Sollte der Vater recht behalten? Doch sein Sohn verfolgte unbeirrt seinen sich selbst auferlegten Kulturauftrag, und schließlich erwies sich sein alter Kindertraum vom Nudelsuppenglück als die wirtschaftliche Rettung des Monsieur Vuong.

NUDELGLÜCK.

Denn neben den Banh Mi bot Dat im Monsieur Vuong allen Konzessionsbeschränkungen zum Trotz auch eine Nudelsuppe in täglich wechselnden Variationen an. Die war wesentlich beliebter als die belegten Baguettes. Bewusst wurde ihm das erst, als eine Kundin mittags mit einem großen Kochtopf bei ihm im Laden stand, um die gesamte Belegschaft ihrer kleinen Firma mit seiner Suppe zu versorgen. Heute wird vom Kaffee bis zur Pizza so gut wie alles entsprechend verpackt als »to go« für unterwegs oder zu Hause mitgenommen. Damals war es ein Zeichen – Dat begriff, wie besonders seine Suppe war. Er beschloss, sich aufs »richtige« Kochen zu konzentrieren. Das war nicht ganz einfach, denn in dem kleinen Café gab es keine voll ausgestattete Küche. Und es war durchaus riskant, weil die vorhandenen zwei Kochplatten ja offiziell nur zum Aufwärmen dienten. Aber es war eine Zeit der Grauzonen, in denen vieles möglich war, wenn man es nur wagte. Außerdem wusste Dat aus seiner Kindheit inmitten der Garküchen in den Straßen Saigons, wie wenig Platz und Ausrüstung man brauchte, um gut zu kochen. Unter einfachsten Bedingungen konnten die köstlichsten Gerichte entstehen. Er hielt das Angebot knapp, abends sollten seine Suppentöpfe möglichst leer sein, um am nächsten Morgen darin wieder frisch und aufs Neue zu kochen. Anders als in Vietnam servierte er seine Suppen, Currys und Salate jedoch nicht in den üblichen billigen Plastikschälchen, sondern investierte trotz beschränkter finanzieller Mittel in stilvolle Designer-Schalen, um seine Gäste von der Wertigkeit der vietnamesischen Küche zu überzeugen, ihnen buchstäblich die Augen zu öffnen. Auch seine Speisekarten waren einfach,

aber jede einzelne handgefertigt und auf besonderem Papier gedruckt.

Und endlich kamen sie, die Gäste! Sie kamen und entdeckten die vietnamesische Küche des Monsieur Vuong: Viel weniger streng und puristisch als die japanische, nicht so exotisch und chilischarf wie die thailändische. Sondern eine Küche, die so freundlich, offen und zugänglich war wie Dat selbst.

ERFOLG. UMZUG.

Dat und sein Café entwickelten sich zu einem der Anlaufpunkte der Berliner Mitte und ihrer Szene. Hier fanden alle zusammen. Meist war es so eng, dass man zwangsläufig miteinander ins Gespräch kam. Dat bot seinen Gästen ein Zuhause, das offen und zugänglich wirkte. Sein ausgeprägter Sinn für Ästhetik kam nicht nur in der Einrichtung seines Cafés zum Ausdruck – bereits damals minimalistisch und ohne jeden Kitsch –, sondern machte ihn auch zu einem inspirierenden Partner für Designer und Künstler. Er inspirierte Claudia Skoda, die ihr Strickatelier um die Ecke hatte, zu einem ganz besonderen Schal, die japanische Modedesignerin Rei Kawakubo lud ihn ein, ihren Comme des Garçons-Guerilla Store auf der Chausseestraße zu dekorieren.

Dies könnte bereits das glückliche Ende der Geschichte des Monsieur Vuong sein: Flucht und erfolgreicher Neuanfang. Doch der Buddhismus sagt, dass nichts von Dauer ist, jeder Moment in einen neuen übergeht: »In steter Veränderung ist diese Welt. Wachstum und Verfall sind ihre wahre Natur.« Das Monsieur Vuong rief bald nach Veränderung. Denn sosehr Dat selbst die Enge schätzte, war er doch Unternehmer genug, um zu sehen, dass sich hier noch mehr wagen ließ. Ein Stammkunde bot ihm ein neues Lokal an, wesentlich größer, mit Aussicht auf eine volle Konzession und beinahe um die Ecke, in der Alten Schönhauser Straße. Dat wagte den großen Schritt. Im Oktober 2001 zog das Monsieur Vuong um. Das geschah sprichwörtlich über Nacht: abends hier Feierabend, am nächsten Mittag dort eröffnet. Ein Kraftakt, der sich auszahlte; die Gäste aus der Gipsstraße zogen mit. Die Fangemeinde blieb ihm treu, und viele der alten Stammkunden wurden zu Freunden.

FREMDE, FAMILIE.

Wer das neue, heutige Monsieur Vuong betritt, im Winter dabei zuerst den Kopf durch den dicken roten Vorhang steckt, der gehört entweder bereits zur »Familie« und weiß, was ihn erwartet, bewegt sich also auf vertrautem Terrain. Oder aber er ist zum ersten Mal hier und zögert, meint in dem ungewohnten Durcheinander und Gewirr verlorenzugehen. Es ist ähnlich wie auf den Straßen Saigons mit ihrem scheinbar undurchlässigen Strom von unzähligen Mopeds. Betritt man jedoch als Fußgänger die Straße mit resolutem Schritt, tut sich unverhofft im Strom eine Lücke auf. So ist es auch im Monsieur Vuong. In dem vermeintlichen Durcheinander wendet sich einem bereits nach wenigen Sekunden ein freundliches Gesicht zu, man wird begrüßt und nach seinen Wünschen gefragt. Man ist aufgenommen. Das hat gar nichts zu tun mit der professionellen Gastro-Jovialität nach amerikanischem Vorbild, sondern ist aufrichtig freundliche Zuwendung, so wie auch Dat selbst im Gespräch stets mit seinem ganzen Wesen hinhört. Kommt man öfter, legt sich einem bald einmal flüchtig eine Hand auf die Schulter, wird einem signalisiert: Du gehörst dazu.

Natürlich ist das Monsieur Vuong längst keine One-Man-Show mehr. Dat beschäftigt reichlich Personal, unter ihnen sind viele Vietnamesen. Sie kommen aus derselben Kultur wie er selbst und teilen seine Werte. Auf der Suche nach neuen Köchen achtet er darauf, dass sie seine Vorstellungen genau umsetzen. Aber er weiß auch aus eigener Erfahrung, wie schwer es für einen Vietnamesen sein kann, auf die eigene Kultur stolz zu sein. Ihm liegt daran, dass sich seine Leute in den schwarzen T-Shirts mit dem goldenen Konterfei seines Vaters wohl fühlen. Manche sind seit vielen Jahren dabei, wie Loan an den dampfenden Töpfen hinter dem Tresen oder Cuc im Service.

GEGENWART, SELBSTBEWUSSTSEIN.

Die Karte ist nach wie vor überschaubar und zweisprachig englisch und deutsch, weil die Gäste des Monsieur Vuong schon lange nicht mehr ausschließlich aus dem Scheunenviertel kommen. Dat orientiert sich inzwischen ein bisschen mehr an deren Gewohnheiten und teilt das Angebot anders als in Vietnam in kleinere Vor- und größere Hauptspeisen sowie Desserts ein. Er würde gerne noch vietnamesischer kochen, aber seine Gäste mögen lieber Filet als Fleisch am Knochen. »Du musst deine eigene Balance und Seele finden«, sagt er und klingt dabei, wie so oft, als lebe er innerlich noch im Tempel. Doch ist nichts Strenges dabei, gleich lacht er wieder, fast kindlich vergnügt.

Die kleinen Zugeständnisse an den Standort Berlin, mit denen er seine Kultur umso verständlicher macht, finden sich auch bei der Einrichtung. Dat hat sehr konsequent seinen ganz eigenen Stil geprägt, der jenseits des bislang allgemein üblichen Plastikdrachen-Kitsches liegt. Es sind die Details, die das

Monsieur Vuong zu einer Klasse für sich machen: ein Aquarium schließt den Raum nach hinten ab und macht ihn doch durchlässig, die golden glänzenden Buddhastatuen darüber blicken auf die Menschen herab statt umgekehrt (was schlecht fürs Karma ist). Berlin liegt nicht in den Tropen wie der Süden Vietnams, aber großzügige, von Dat selbst arrangierte Blumenarrangements und üppige Obstkörbe gehören zum Interieur.

Stammgäste aus der Gipsstraße äußerten anfangs die Befürchtung, es könne im neuen, größeren Monsieur Vuong weniger gemütlich sein, weniger persönlich zugehen. Aber auch hier ist sofort ein Ort der Begegnung und eine Atmosphäre wie in den Garküchen Vietnams entstanden, wo Geschäftsleute ganz selbstverständlich neben Handwerkern und Schulkindern sitzen. Das Wort Imbiss habe ihm nie gefallen, sagt Dat, und die Bezeichnung Restaurant träfe die ungezwungene Atmosphäre auch nicht; bei Anrufen mit dem Wunsch der Reservierung eines »ruhigen Tisch« verweise er lieber gleich an andere Adressen.

ÜBERSETZUNG.

Die eigene Balance, an der Dat fortwährend arbeitet, besteht in dem ständigen Vermitteln zwischen den zwei Welten, die er in sich vereint. Wie lässt sich seine Vorstellung eines neuen Vietnam in Berlin kommunizieren? Zum Beispiel durch die Hocker und Tische in seinem Lokal. Egal, ob man Phở oder Papayasalat isst, in Vietnam lässt man sich dazu auf knallbunten, einfachen Plastikhockern im Kinderformat nieder. Wären die nicht authentischer? Aber Dat, der Ästhet, mag kein Plastik. Trotzdem wollte er an der einfachen Grundform der Hocker festhalten. Die heutigen Bambusmöbel hat Markus Schell ent-worfen, ein Stammgast aus der Gipsstraße, der als Architekt und Möbeldesigner von dem warmen, widerstandsfähigen Material seit langem begeistert war. Bei Dat rannte er damit offene Türen ein, ihm war Bambus aus Vietnam bestens ver-traut, und Schells klarer, schnörkelloser Stil entsprach seinem eigenen Ästhetik-Empfinden. So entstanden die Hocker, ohne Lehne wie auf den Straßen von Saigon, aber höher, und dem-entsprechend die Tische. Der geschwungene hohe, von kleinen Fenstern durchsetzte Tresen stellt das dynamische Gegenstück zu dieser strengen Rechtwinkligkeit dar. Er schirmt dampfende Suppentöpfe, Kaffeemaschine und Mixer ab, ist Arbeits- und Abstellfläche und bietet gleichzeitig Sitzplätze ganz nah am Geschehen.

MUSIK.

Viel weniger sichtbar als Bambusmöbel, Buddhafiguren und Blumen, aber doch essentieller Teil der Gesamtkulisse ist die Musik im Monsieur Vuong. Sie verstärkt das Gefühl des Ein-tauchens in eine ganz eigene Welt, entspannt, beruhigt, belebt. In Vietnam ist Musik ebenso allgegenwärtig wie das Essen auf der Straße. Dats Vater lud selbst zu sozialistischen Zeiten, als dies offiziell verboten war, regelmäßig zu privaten Tanzabenden ein; Lebenslust lässt sich nicht verbieten. Dat summt und singt den ganzen Tag, und wenn man ihn genau beobachtet, dann tanzt er eigentlich durchs Leben. Kochen könne man delegieren, die Auswahl der Musik jedoch auf gar keinen Fall. Er verfügt über eine Sammlung von über 10.000 Titeln, aus denen entstehen seine Playlists. Vietnamesische Musik taucht dabei nur selten

auf, weil viele Melodien sehr westlich klingen und sich erst durch die Texte unterscheiden. Dat übersetzt auch hier, und zwar mit Hilfe einer abwechslungsreichen internationalen Mischung, deren Schwerpunkte bei lateinamerikanischer Musik, romantischen französischen Chansons und japanischem Pop liegen, die seiner Ansicht nach für seine Gäste in Berlin eine ähnliche Stimmung zum Ausdruck bringen. Heute surft er für neue Entdeckungen im Internet, früher hatte er in Plattenläden auf der ganzen Welt tagelang CDs angehört, um jenseits des Mainstreams das Richtige zu finden. Häufig gelangt nur ein einziger Song aus einem ganzen Album auf seine Liste. Wie beim Würzen in der Küche sind seine Playlists das Ergebnis von präzisem Finetuning; sie sind auf die Tageszeit abgestimmt, orientieren sich an den Jahreszeiten und sollen der jeweiligen Stimmung Rechnung tragen. Wochentags um die Mittagszeit etwa, wenn die Gäste sich bei einer Arbeitspause entspannen wollen, ist die Musik ruhiger und oft auch klassisch, abends darf es temperamentvoller sein.

ANERKENNUNG UND KONZENTRATION.

Vom Flüchtlingskind in einem kalten Land hat Dat sich tatsächlich zu einem wahren Botschafter der vietnamesischen Esskultur entwickelt. Sein Vater saß nach den anfänglichen Zweifeln bis zu seinem Tod 2009 voller Stolz auf seinem Stammplatz hinten am Fenster, wo er alles im Blick hatte und jetzt alte Fotos von ihm hängen. Das Monsieur Vuong hat vielen seiner Landsleute einen neuen Markt eröffnet. Nicht nur in Berlin gibt es heute unzählige vietnamesische Restaurants, von denen nicht wenige sich (mehr oder weniger erfolgreich) am Vuong-Stil orientieren. Wer heute in Deutschland vietnamesisch kochen möchte, findet ein erstaunlich breites und gutes Angebot in vielen Asia-Läden, die darüberhinaus auf Nachfrage auch so einiges Nichtvorhandene beschaffen können. Viele Gäste werden aber auch durch das Monsieur Vuong zu einer Reise nach Vietnam inspiriert und lassen sich dafür von Dat beraten — der grundsätzlich warnend darauf hinweist, dass es dort lauter und oft viel einfacher zugeht als bei ihm in Berlin, die kleinen Plastikhocker dort tatsächlich meist direkt am Straßenrand stehen. Dat selbst fährt seit 1996 regelmäßig nach Vietnam und kommt von seinen Touren immer beladen mit Originalzutaten und Accessoires von den Märkten dort zurück. Mit ihm nach Saigon, Hội An und Phú Quốc zu reisen, wie wir es für dieses Buch getan haben, ist ein großartiges Erlebnis mit einer schier unfassbaren Fülle an beileibe nicht nur kulinarischen Eindrücken und Einblicken.

Immer wieder kommen Angebote von Investoren und Unternehmern, weitere Monsieur-Vuong-Restaurants in New York, Tel Aviv, London oder Moskau zu eröffnen. Aber Dat ist

fest entschlossen, der buddhistischen Forderung nach steter Veränderung nicht in dieser Form nachzukommen: »Wir möchten nicht auf diese Weise wachsen«, sagt er, »sondern uns auf einen Ort konzentrieren.« Sein Bruder Tan steht ihm seit zehn Jahren zur Seite, mit der gleichen Aufmerksamkeit, der gleichen Zugewandtheit. Man könne, sagt Dat und klingt wieder ganz nach buddhistischem Tempel, nicht an mehreren Orten zugleich sein, sondern nur an einem. Wer genau hinschaut, hinhört, hinschmeckt, wird im Monsieur Vuong eine Anleitung fürs Leben entdecken.

REZEPTE

Gỏi Cuốn Cá Hồi

SOMMERROLLEN MIT LACHS

Sommerrollen bedeutet: nicht frittiert, die Füllung fertig gegart. Eine klassische Form, die es in Vietnam sehr viel als Streetfood gibt, hier jedoch mit ungewöhnlichem Inhalt und Wasabi-Kick im Dip. Dat Vuong kombiniert gerne Vietnamesisches mit bei uns gebräuchlichen Zutaten, wenn er zu Hause für Freunde kocht. Das Rollen klingt übrigens komplizierter, als es ist. Mit ein wenig Übung geht es ganz leicht, wenn man das Reispapier weich, aber nicht zu weich werden lässt und dann beim Rollen straff hält.

4 Portionen à 2 Stück

200 g Lachsfilet	*in 8 fingerdicke Streifen schneiden*
1 El Rapsöl	*in einer Pfanne von beiden Seiten ganz kurz anbraten*
1 Tl Sesamöl (geröstet)	*auf einem Teller darüber träufeln*
8 Wantanblätter	*eng aufrollen*
Rapsöl	*goldgelb frittieren, abtropfen lassen*
12 g Wasabi-Paste	
1 El dunkle Sojasauce	
1 gestr. El Zucker	
¼ Tl Salz	
1 ½ El Limettensaft	
2 El Wasser	
1 geh. Tl Ingwer, gehackt	*zum Dip verrühren*
4 Zwiebellauchstangen, das Weiße und Hellgrüne in langen dünnen Streifen	
8 große Blätter Kopfsalat ohne dicke Rippen	
1 Handvoll Rucola	
16 Korianderwurzeln mit Grün	
8 runde Reispapierblätter, 22 cm Ø	*nacheinander durch lauwarmes Wasser ziehen, bis sie weich sind, auf einem feuchten Tuch ausbreiten, mit dem Salat in der Mitte belegen, je 1 Wantanrolle und 1 Lachsstreifen daraufsetzen und mit Rucola und Zwiebellauch belegen; den unteren Rand zu einem Drittel überschlagen, dann die Seiten darüber falten und zu festen, gleichmäßigen Rollen formen, dabei vor dem letzten Falten je 2 Stängel Koriander mit einlegen, so dass das Grün aus der Rolle herausschaut*

Bánh Cuốn

MANDARINROLLEN

Dies ist die fortgeschrittene Variante der Sommerrollen, mit selbstgemachten Reiscrêpes statt des Reispapiers. Die Konsistenz (immer wichtig in Vietnam!) ist daher glatter und feiner. Es sind dann eher Tüten als Rollen, und sie sind zugegebenermaßen aufwendig, aber all die Mühe wert und sollten frisch gegessen werden.

4 Portionen à 5 Stück

50 g gekochter Reis
300 ml Wasser . . . . *im Mixer so fein wie möglich pürieren*
100 g Reismehl
100 g Tapiokastärke
½ gestr. Tl Salz . . . . *mischen und mit dem pürierten Reis mit dem Schneebesen zu einer glatten Masse rühren*

200 ml heißes Wasser
1 El Rapsöl . . . . *untermischen; mind. 30 Min. (max. über Nacht) ruhen lassen*

140 g Hühnerbrustfilet . . . . *nach und nach in der laufenden*
   ohne Haut, in Würfeln   *Küchenmaschine fein pürieren*
170 g Garnelen geschält ohne Darm,
   mit der flachen Messerseite geklopft
20 g Mu-Err-Pilzc, eingeweicht, in Streifen
2 Korianderwurzeln, gehackt
2 Knoblauchzehen, gehackt . . . . *zugeben und ebenfalls fein pürieren*
1 Tl Pfeffer weiß, geschrotet
1 Tl weißer Rum
1 geh. Tl Zucker
½ gestr. Tl Salz
1 Tl Fischsauce
½ Tl Sesamöl (geröstet)
½ Tl Natron . . . . *gründlich unter die Farce mischen, dann in einer Schüssel mit der Hand wie einen Hefeteig glatt schlagen*

1 Tl Rapsöl
1 Zwiebellauchstange,
   nur das Grün, in feinen Ringen . . . . *mit einarbeiten; die Masse auf einem geölten Teller ca. 3 cm hoch zu einer flachen Scheibe verteilen, mit Klarsichtfolie abdecken und mind. 30 Min. (max. über Nacht) im Kühlschrank ruhen lassen;*

	dann im Dämpfer auf dem Teller 10-15 Min. garen
1 Eigelb	
2 El Rapsöl	verquirlen und auf dem Shrimpskuchen verteilen (evtl. Kondenswasser vorher abkippen), weitere 5 Min. dämpfen
130 ml warmes Wasser	in den Reisteig quirlen und alles durch ein Sieb passieren; Teflonpfanne mit einem Hauch von Öl benetzen, bei mittlerer Hitze in jeweils 2 Min. 10 dünne, farblose Crêpes backen, dabei nicht wenden, sondern mit Deckel garen; auf ein leicht geöltes Blech oder einen Teller stürzen
1 geh. El Zucker	
2 El Fischsauce	
1 El Limettensaft	
75 ml warmes Wasser	
2 rote Chili, gehackt	zu einem Dip verrühren
1 Salatgurke.	in 10 cm lange Stücke schneiden, diese der Länge nach achteln; Shrimpskuchen tortenförmig in 20 Stücke schneiden
20 Shisoblätter	Crêpes jeweils halbieren und mit Shiso, Gurke und Shrimpskuchen tütenförmig aufrollen

In Vietnam werden die Crêpes auf einem über Dampf gespannten Tuch gegart, wie hier in Saigon bei Tay Ho. Wichtig ist dabei, dass der Teig lange genug ruht und dabei leicht fermentiert. Wie bei französischen Crêpes sieht das Ganze einfach aus und verlangt doch einiges an Übung. Das Ergebnis braucht nicht perfekt zu sein, sollte aber auf alle Fälle ganz frisch serviert werden. Garküchen sind in Vietnam grundsätzlich auf wenige, manche auch nur auf ein einziges Gericht spezialisiert, das jeder Gast selbst mit Kräutern und Dips nach persönlicher Vorliebe zusammenstellt — die eher kurz gehaltene Karte im Monsieur Vuong spiegelt dieses Prinzip wider.

Rau Luộc Chấm Chao

BLANCHIERTES GEMÜSE UND TOFU MIT EINEM DIP AUS FERMENTIERTEM TOFU

Schlicht, leicht, schnell, gesellig, als Snack oder Vorspeise. Die Gemüse lassen sich in ihrer Zusammenstellung nach persönlicher Vorliebe und Saison variieren. Fermentierten Tofu gibt es im Asia-Laden, er bringt eine ganz besondere Geschmackstiefe ins Spiel.

4 Portionen

25 g gelbe Mungbohnen . . . . (getrocknet, geschält, gespalten)	*in kaltem Wasser 1 Std. einweichen, Wasser abgießen, so dass die Bohnen nur noch bedeckt sind*
1 Prise Salz	*Bohnen ganz weich kochen*
100 g eingelegter (fermentierter) Tofu, ohne Fond	
1 El Limettensaft	
1 rote Chili, gehackt	
1 Knoblauchzehe, gehackt	
1 El Zucker	
½ gestr. Tl Pfeffer weiß, gemahlen	*mit den Bohnen mit der Gabel zerdrücken und mischen*
50 ml Wasser	
1 El Koriandergrün, grob gehackt	*unterrühren*
Rapsöl, fingerhoch	*in einer Pfanne erhitzen*
1 dicke Scheibe Seidentofu	*darin goldgelb frittieren, etwas abkühlen lassen und in 1 cm dicke Streifen schneiden*
1 Rote Bete	
2 Karotten	
1 schwarzer Rettich	*schälen und in 1 cm dicke Sticks schneiden*
1 Bittermelone	*der Länge nach vierteln, entkernen, ebenfalls in Sticks schneiden*
1 Handvoll Rosenkohl	*putzen und halbieren*
1 Tl Rapsöl	
1 Tl Zucker	
1 Tl Salz	*mit reichlich Wasser zum Kochen bringen, Gemüse darin knackig blanchieren (die Rote Bete wegen der Farbe zuletzt), kalt abschrecken und abtropfen lassen, mit dem Tofu zum Dip servieren*

Chạo Tôm

SHRIMPSBÄLLCHEN AUF ZITRONENGRAS-STICKS

*Der absolute Hingucker als Fingerfood für eine Party. Traditionell verwendet man dafür
Zuckerrohr als Sticks, die man nicht komplett essen, aber auslutschen kann. Das kommt der
vietnamesischen Vorliebe für Süßes entgegen; das Zitronengras verleiht der Shrimpsmasse
hingegen ein ganz besonderes Aroma.*

4 Portionen à 2 Stück

80 g Hühnerbrustfilet in Würfeln	*in der Küchenmaschine fein pürieren*
220 g Garnelen geschält, ohne Darm	*mit der flachen Seite eines breiten Messers klopfen, nach und nach zum Huhn geben und pürieren; in eine Schüssel umfüllen*
1 Tl weißer Rum	
½ gestr. Tl Salz	
1 Tl Zucker	
½ gestr. Tl Pfeffer weiß, gemahlen	
1 Tl Fischsauce	
½ Tl Natron	
1 Knoblauchzehe, gehackt	
2 Zwiebellauchstangen, nur das Weiße und Hellgrüne, gehackt	*mit der Hand mischen und glattschlagen; abdecken und mind. 30 Min. (max. über Nacht) im Kühlschrank ruhen lassen*
8 Stängel Zitronengras	*trockene Spitzen und Außenblätter entfernen, jeweils ein Achtel der Masse um die dicken Enden in der Hand länglich/walzenartig formen; im Dämpfer auf Klarsichtfolie bei starker Hitze 5 Min. garen, bis die Bällchen fest und elastisch sind*
2 Zwiebellauchstangen, nur das Grüne, in feinen Ringen	
½ Tl gestr. Salz	
½ gestr. Tl Zucker	*mischen*
3 El Rapsöl	*in einer Pfanne erhitzen und zum Zwiebellauch geben; die Bällchen in der Pfanne goldbraun anbraten, lauwarm mit dem Zwiebellauchgrün servieren*

Bánh Mì Thịt Nướng

BAGUETTE MIT MEATBALLS

Mit Bánh Mì, dem gefüllten Baguette, fing alles an bei Monsieur Vuong. Natürlich ist dies wie so vieles andere eine kulinarische Hinterlassenschaft der Franzosen, die die Vietnamesen in ihr eigenes Repertoire aufgenommen haben. Und adaptiert: Bánh Mì gibt es in unzähligen Varianten, jeder stellt sich seine Lieblingsfüllung zusammen.

4 Portionen à 2 Stück

100 g Rinderhack
100 g Schweinehack (nicht zu mager)
1 El Semmelbrösel (oder etwas eingeweichtes, gut ausgedrücktes Weißbrot)
1 Tl Austernsauce
1 Tl Würzwein (mit Anis, Zimt und Muskatnuss aromatisiert,
   ersatzweise dunkler Rum)
¼ Tl Fünf-Gewürze-Pulver
¼ Tl Pfeffer weiß, gemahlen
¼ Tl Salz
½ Tl Zucker
1 Tl Fischsauce
1 El Rapsöl
½ Tl Sesamöl (geröstet)
1 Knoblauchzehe, gehackt
½ Stängel Zitronengras, sehr fein gehackt
1 rote Chili, gehackt
1 mittlere Zwiebel, gehackt
2 Zwiebellauchstangen,
   nur das Grüne, in feinen Ringen . . . . . . *alles gut mischen, zwischen geölter Klar-*
                                              sichtfolie zu acht ½ cm flachen Fladen formen
1 Tl Rapsöl . . . . *in der Pfanne beidseitig goldbraun braten*
1 große Karotte . . . . *schälen und in sehr dünne Streifen schneiden*
2 El Essig
1 El Zucker
1 Knoblauchzehe, gehackt . . . . *mit den Karottenstreifen mischen,*
                                                     5 Min. ziehen lassen

1 Salatgurke
3 Zwiebellauchstangen, nur weiß . . . . *in dünne Streifen schneiden*
1 langes, helles Baguette . . . . *in acht 5 cm lange Stücke schneiden und*
. . . . *jeweils auf einer Seite ein-, aber nicht*
. . . . *durchschneiden, Fleisch in diese Tasche legen*
8 Tl Hoisinsauce . . . . *Fleisch damit bestreichen und die Gemüse*
                                                         darauf verteilen

Gan Gà Sốt Chanh Dây
BÁNH-MÌ-HAPPEN MIT WÜRZIGER GEFLÜGELLEBER, MARACUJA UND PFLAUME

*Dies ist Dat Vuongs persönliche, sozusagen dekonstruierte Bánh-Mì-Version, als Canapé.
Er liebt Maracuja mit ihrer über die Zunge tanzenden Säure und kombiniert sie hier mit
Pflaumenmus, um dick eingekochte Maracuja-Marmelade zu ersetzen.*

4 Portionen à 3 Stück

3 frische Maracuja (=netto 65 g)	*Pulp mit einem Löffel auskratzen*
50 g Pflaumenmus	
1 Prise Salz	*mischen*
1 Baguette	*in 12 dünne Scheiben schneiden, unter dem Grill leicht anrösten*
1 Stängel Zwiebellauch, ... nur das Grüne, in langen Streifen	*in Eiswasser legen, so dass sie sich kringeln*
1 Handvoll Koriandergrün	*auf dem Baguette verteilen*
1 El Butter	*in der Pfanne aufschäumen lassen*
2 Knoblauchzehen, gehackt	*kurz anschwitzen*
200 g Geflügelleber, geputzt und geschnetzelt	
1 Prise Fünf-Gewürze-Pulver	
1 Prise Salz.	*5 Min. unter Rühren braten, Pflaumen-Maracuja untermischen, auf dem Baguette anrichten*
Salzflocken	*darüberstreuen*
rote Chili in Ringen.	*zusammen mit dem Zwiebelgrün dekorieren*

Lá Lốt Chay
FLEISCHLOSE LA-LOT-ROLLEN AUF REISNUDELSALAT

Lá Lôt, die grünen Betelblätter, gibt es im Asia-Laden. Sie haben eine ganz eigene Würze, und die Rollen schmecken auch direkt aus der Pfanne großartig – wenn man nicht aufpasst, sind sie plötzlich verschwunden! Mit den Reisnudeln wird daraus eine ganze Mahlzeit. Es lohnt sich also, eine größere Menge zuzubereiten.

4 Portionen à 5 Stück

250 g Seidentofu . . . . *als ganze Scheiben (ca. 1,5 cm dick) in Rapsöl goldgelb frittieren, etwas abkühlen lassen und in 1 cm große Würfel schneiden*

200 g Taro, gekocht, in Würfeln
50 g Mu-Err-Pilze, eingeweicht und gehackt
50 g Duftpilze (Shiitake),
   eingeweicht, gekocht und gehackt
1 El Zucker
1 Tl Salz
2 Tl Pfeffer schwarz, geschrotet . . . . *alles zusammen in der Küchenmaschine fein pürieren*

1 El Rapsöl
1 El vegetarische Austernsauce
1 Tl Sesamöl (geröstet)
1 Zwiebellauchstange, in feinen Ringen
1 kl. Zwiebel, gehackt
1 Stängel Zitronengras, sehr fein gehackt
10 kleine Betelblätter, gehackt . . . . *unterarbeiten; dann kann die Masse bis zu 4 Std. im Kühlschrank ruhen*
20 große Betelblätter . . . . *mit der Blattunterseite nach oben ausbreiten, Masse darauf quer als Rolle verteilen und vom Stiel zur Spitze aufrollen*
2 El Rapsöl . . . . *in einer Pfanne erhitzen und die Rollen anbraten*
350 ml Wasser . . . . *erhitzen*
70 g Zucker . . . . *auflösen*
5 El Fischsauce
2 El Essig
1 Stück frischer Ingwer, ca. 3x3 cm, in feinen Streifen
2 Knoblauchzehen, gehackt
2 rote Chili, gehackt . . . . *alles zu einem Dressing mischen*

500 g Reisnudeln . . . . *mit kochendem Wasser übergießen, 5 Min.*
quellen lassen, abschütten, lauwarm auf
4 Schalen verteilen

Karotten
Eisbergsalat
Rotkohl
Weißkohl
Spinatblätter . . . . *Menge nach Belieben, in Streifen, insgesamt*
etwa 2 kleine Handvoll; auf die Nudeln
geben und das Dressing darüber verteilen,
Rollen darauf anrichten

asiatisches Basilikum
Koriandergrün
Shisoblätter
2 El geröstete Erdnüsse ohne Haut . . . . . . *zum Schluss darüber verteilen*

---

*Auch als **Bò Lá Lốt**, also mit Rindfleisch, kann man die Betelblätter-Rollen alternativ*
einfach mit einem Dip als Fingerfood servieren.

4 Portionen à 5 Stück

400 g Rinderhack
150 g Schweinehack (nicht zu mager)
10 Betelblätter in Streifen
½ mittlere Zwiebel, gehackt
1 Zwiebellauchstange, in feinen Ringen
1 El weißer Rum
1 El Pfeffer schwarz, geschrotet
1 El Zucker
1 El Fischsauce
1 El Austernsauce
1 Stängel Zitronengras, sehr fein gehackt
1 Ei . . . . *alles gründlich vermengen*
20 große Betelblätter . . . . *mit der Blattunterseite nach oben ausbreiten,*
Masse darauf quer als Rolle verteilen und
vom Stiel zur Spitze aufrollen
2 El Rapsöl . . . . *in einer Pfanne erhitzen und die Rollen*
langsam anbraten

Nem Sài Gòn

VIETNAMESISCHE FRÜHLINGSROLLEN

Diese Rollen werden frittiert, wobei die rohe Füllung gegart wird. Sie schmecken einfach so aus der Hand als Fingerfood, werden aber auch gerne mit reichlich Kräutern in Salatblättern zum Wrap gerollt. Mit Nudeln wird daraus wiederum ein komplettes Gericht.

4 Portionen à 2 Stück

200 g Hühnerschenkelfleisch
   (ohne Haut und Knochen), fein gehackt
60 g rohe Garnelen
   ohne Kopf, Schale und Darm, fein gehackt
50 g Glasnudeln . . . . *30 Min. in lauwarmem Wasser einweichen, abtropfen lassen, in ca. 1 cm lange Stücke schneiden*

30 g Kohlrabi, fein gewürfelt
30 g Karotten, fein gewürfelt
1 kl. rote Zwiebel, gehackt
30 g Mu-Err-Pilze,
   eingeweicht, in feinen Streifen
20 g Duftpilze (Shiitake),
   eingeweicht und gekocht, in feinen Würfeln
1 Zwiebellauchstange, in feinen Ringen
1 Tl Zucker
1 El Fischsauce
1 Tl Pfefferkörner, weiß
1 Ei . . . . *alles gründlich vermengen*
8 runde Reispapierblätter, 22 cm Ø . . . . . . *nacheinander durch lauwarmes Wasser ziehen, bis sie weich sind, auf einem feuchtem Tuch ausbreiten, jeweils ein Achtel der Füllung länglich in die Mitte setzen, den unteren Rand zu einem Drittel überschlagen, dann die Seiten darüber falten und zu straffen, gleichmäßigen Rollen formen*

3 El Zucker
150 ml heißes Wasser
4 El Fischsauce
1 El Limettensaft
3 Knoblauchzehen, gehackt
1 rote Chili, gehackt
1 kl. rote Zwiebel, in feinen Streifen

1 kl. Karotte in sehr dünnen Scheiben
2 El Koriandergrün, grob gehackt . . . . *alles zum Dip mischen*
Rapsöl . . . . *erhitzen, Rollen darin langsam*
goldbraun frittieren – das kann in zwei
Schritten geschehen, einmal vorbereitend
(dann lassen sich die Rollen auch abgekühlt
einfrieren), das zweite Mal direkt vor dem
Servieren; der zweite Schritt lässt sich auch
durch Backen (der ggf. noch gefrorenen
Rollen) im heißen Ofen ersetzen

Eisbergsalatblätter
Koriandergrün
Shisoblätter . . . . *mit dem Dip zu den Rollen servieren,*
die sich jeder selbst zum Wrap rollt

*Vietnamesische Küche ohne frische Kräuter, Grünes und Gemüse ist undenkbar. Es geht dabei
nicht um Dekoration und ein paar Blättchen, sondern eher um eine zusätzliche Komponente,
die wir vielleicht bereits als »kleinen Beilagensalat« bezeichnen würden. Das Angebot hier
in den Asia-Läden vermittelt mur eine leise Ahnung der Fülle auf den Märkten in Vietnam:
Da gibt es asiatisches Basilikum, vietnamesischen Koriander, Perilla bzw. Shiso, selbstverständlich Minze und ganz wichtig Rau Om, die zitrusduftende Reisfeldpflanze, und so
vieles mehr.*

Cánh Gà Chiên Nước Mắm
SCHARFSÜSSE HÜHNERFLÜGEL

Die ganze aromatische Würze als Fingerfood zum Knabbern, so wie Vietnamesen es am liebsten mögen – wie die meisten Asiaten finden sie das von uns so geschätzte Filet eher langweilig und fad. In diesen Hühnerflügeln treffen sich beide Kulturen. Sie schmecken auch kalt und sind perfekt fürs nächste Picknick.

4 Portionen à 3 Stück

1 El Zucker	
1 El Fischsauce	
1 Tl Pfeffer weiß, gemahlen	
2 Knoblauchzehen, gehackt	*gut mischen*
12 Stück Hühnerflügel (ca. 850 g)	*mind. 15 Min. (max. über Nacht) im Kühlschrank marinieren*
50 g Kartoffelmehl	*Hühnerflügel darin wenden*
Rapsöl	*in einem großen Topf fingerhoch erhitzen, Flügel goldgelb frittieren, auf Küchenkrepp abtropfen lassen*
4 Knoblauchzehen, gehackt	
1 mittl. Schalotte in feinen Scheiben	
1 El Rapsöl	*goldgelb anschwitzen*
3 El Fischsauce	*ablöschen*
3 El Zucker	
3 El Wasser	*unterrühren*
1 Tl Pfeffer weiß, gemahlen	
2 rote Chili, gehackt	
1 Zwiebellauchstange in dünnen Ringen .	*mit den Flügeln untermischen und unter Rühren und Schwenken glasieren*

Hoành Thánh Chiên
GEBACKENE WANTAN MIT MANGO-DIP

Am besten gleich die doppelte Menge machen — gebackene Wantan essen sich einfach so weg ... Die Trauben sind dabei der besondere Vuong-Touch, eine fruchtige Überraschung, die wunderbar mit dem Mango-Dip harmoniert. Wantanblätter gibt es fertig im Asia-Laden, sie lassen sich auch sehr gut einfrieren.

4 Portionen à 4 Stück

120 g Hühnerschenkelfleisch
   (ohne Haut und Knochen), in Würfeln
40 g rohe Garnelen,
   ohne Kopf, Schale und Darm, in Stücken
10 g Mu-Err-Pilze, eingeweicht, gehackt
1 Knoblauchzehe, gehackt
1 Tl Zucker
1 Tl Fischsauce
1 gute Prise Pfeffer weiß, gemahlen . . . . . *in der Küchenmaschine fein pürieren*
1 Zwiebellauchstange, ... *unterarbeiten*
   nur das Weiße, in feinen Ringen
16 Wantanblätter . . . . *ausbreiten und die Masse darauf mittig*
   verteilen
16 kleine kernlose Trauben. . . . . *jeweils daraufsetzen; die zwei quer*
   gegenüberlegenden Ecken aufeinander
   zum Dreieck falten, die beiden langen
   Ecken dann fächerförmig zueinander
   drücken — um gleichmäßig zu garen
   sollen nicht zu dicke Teigknubbel entstehen
Rapsöl . . . . *erhitzen und die Wantan goldgelb frittieren*
   (bis zu 2 Std. vor dem Servieren)

150 g Mangopüree
½ Tl Salz
1 El Fischsauce
1 Tl Limettensaft . . . . *für den Dip mischen*
2 rote Chili, gehackt
4 Knoblauchzehen, gehackt
2 El Rapsöl. . . . . *unter Rühren anschwitzen*
1 El Koriandergrün, grob gehackt . . . . *alles unter den Dip rühren*

Gà Sa Tế

HÜHNERSPIESSE MIT ERDNUSS-SAUCE

Wie bei so vielen Gerichten in den Garküchen in Vietnam sind auch diese Spieße eine interaktive Angelegenheit: die Kunden bzw. Gäste streifen das Fleisch von den Spießen, legen es mit viel Kräutern und Grünzeug auf Reispapier, träufeln Sauce nach persönlichem Geschmack darüber und rollen alles zum finger- und mundgerechten Wrap.

4 Portionen à 2 Spieße

300 g Hühnerschenkelfleisch
   (ohne Haut und Knochen), in dünnen langen Streifen
1 El Zucker
1 El Fischsauce
1 Tl Pfeffer weiß, gemahlen
2 Knoblauchzehen, gehackt . . . . *gut mischen, mind. 15 Min. (max. über Nacht) im Kühlschrank marinieren, dann das Fleisch auf 20 cm lange Holzspieße auffädeln*

2 El Rapsöl. . . . . *erhitzen*
1 El Tomatenmark
1 Stängel Zitronengras, sehr fein gehackt *anschwitzen*
100 ml Kokosmilch
30 ml Sahne (oder auch Kokosmilch)
30 g Erdnußbutter
2 rote Chili, gehackt . . . . *zugeben und kurz zum Köcheln bringen*
2 Tl Zucker
1 El Limettensaft
2 Tl Fischsauce . . . . *unterrühren; falls die Sauce zu dickflüssig ist, mit wenig warmem Wasser oder Brühe verdünnen*

2 El Rapsöl. . . . . *in einer großen Pfanne erhitzen, Spieße darin langsam 10-15 Min. braten und sofort mit der Sauce servieren*

1 El gerösteter Sesam. . . . . *darüberstreuen*

Sườn Ram Me

SPARERIBS MIT TAMARINDEN-INGWER-SAUCE

*Hier gilt wie bei den Hühnerflügeln: das Fleisch am Knochen zum Knabbern schmeckt
aus vietnamesischer Sicht einfach besser als jedes Filet. Tamarinden werden häufig auch als
»indische Dattel« bezeichnet, haben aber mit Datteln nicht das geringste zu tun. Es sind
große Bäume, die auf Laien wie Mimosen wirken, aber ganz andere (ebenfalls sehr dekorative)
Blüten haben. Die sauer schmeckenden Samen sitzen in braunstaubigen Hülsen und können
roh verwendet werden. Meist bekommt man sie hier aber in Form von Pulp (der mit Wasser
vermengt und dann passiert werden muss) oder Paste. Letztere lässt sich direkt verwenden,
man sollte aber unbedingt darauf achten, die konzentrierte Form zu kaufen, die ausschließlich
Tamarinde und Wasser enthält. Es ist eine fruchtige, direkte, aber nicht spitze Säure,
die großartig mit Chili harmoniert.*

4 bis 6 Portionen (ca. 24 Stück)

1 kg Spareribs, in Rippchen geschnitten .. *in kochendem Wasser einmal aufkochen,
abschütten; dann in heißes, leicht gesalzenes
Wasser geben und ca. 40 Min. kochen, bis
sich das Fleisch vom Knochen lösen lässt,
aber nicht abfällt; abschütten*

2 El Rapsöl . . . . *in einer Pfanne erhitzen*
3 Knoblauchzehen, gehackt
1 mittl. rote Zwiebel in Streifen . . . . *anschwitzen*
1 Tl Zucker
2 El Fischsauce
2 El süße Sojasauce (Ketjab Manis)
2 El Tamarindenpaste . . . . *zugeben und mischen; Spareribs darin
bei mittlerer Hitze unter Rühren und
Schwenken 3 Min. braten*

1 geh. El Palmzucker
4 El Wasser . . . . *zugeben und unter Schwenken glasieren*
1 Tl Pfeffer weiß, gemahlen
1 Stück frischer Ingwer, ... *einschwenken, anrichten*
   ca 3 x 3 cm, in feinen Streifen
1 El gerösteter Sesam . . . . *darüberstreuen*

Bánh Bèo Tôm Trứng Cá

GEDÄMPFTE REISKÜCHLEIN MIT LACHSKAVIAR UND KNUSPRIGEN WANTAN

Das Lieblings-Streetfood von Dats Vater Hoanh, und auch Dat selbst kann davon mühelos vier oder fünf Stück vertilgen. Portionsangaben sind ausgesprochen schwierig; aber es lässt sich eigentlich mit Sicherheit davon ausgehen, dass es eher zu wenige Küchlein sein werden!

36 Stück

100 g Reismehl
1 geh. Tl Tapiokamehl
¼ Tl Salz
¼ Tl Zucker
425 ml lauwarmes Wasser . . . . *mit dem Schneebesen glattrühren*
25 g gekochter Langkornreis
25 ml Wasser. . . . . *fein pürieren, unter den Reisteig rühren, mind. 1 Std. (besser über Nacht) bei Zimmertemperatur ruhen lassen, passieren*
75 g rohe Garnelen, geschält, ohne Darm. *in heißem Wasser blanchieren, im Mörser stampfen und mit den Fingern feinzupfen, in einer Teflonpfanne ohne Fett bei wenig Hitze 3 Min. mehr trocknen als braten*
4 Wantanblätter. *in vier Streifen und diese jeweils quer in drei Stücke schneiden*
Rapsöl . . . . *goldgelb frittieren, abtropfen lassen*
2 Tl Fischsauce
1 El Zucker
3 El Wasser
2 rote Chili, gehackt
1 Knoblauchzehe, gehackt . . . . *zum Dressing mischen*
2 Zwiebellauchstangen, nur das Grüne, in feinen Ringen
1 gute Prise Salz und Zucker
1 El Rapsöl. . . . . *erhitzen und mit dem Zwiebelgrün mischen Kleine Schälchen (7 cm Ø) jeweils zu 2/3 mit Teig füllen, Dämpfer verschließen, 3 Min. garen, Deckel einmal lüften und weitere 2 Min. garen*
100 g Lachskaviar. . . . . *auf den Küchlein mit Zwiebelgrün, Garnelen, frittierten Wantan und etwas Dressing verteilen; lauwarm direkt aus dem Schälchen löffeln*

Bánh Khọt
GEBRATENE REISKÜCHLEIN MIT GARNELEN UND WACHTELEI

Die Bánh Khọt sind den Bánh Bèo sehr ähnlich, werden aber in einer speziellen Pfanne gebraten. Man wickelt sie am Tisch in Salat und Kräuter. Die Wachteleier lassen sich auch durch ganze Shrimps ersetzen. Zugegebenermaßen in der Vorbereitung ein etwas aufwendiges Rezept, aber das Ergebnis ist großartig.

4 Portionen (12 Stück)

75 g Reismehl
50 ml Kokosmilch
100 ml warmes Wasser
1 gute Prise Kurkumapulver . . . . *mit dem Schneebesen glattrühren*
25 g gekochter Langkornreis
25 ml Wasser . . . . *fein pürieren und untermischen*
1 Eigelb
¼ Tl Salz
¼ Tl Zucker . . . . *ebenfalls untermischen und 15 Min. ruhen lassen*

1 El Zucker
1 El Fischsauce
2 El Wasser . . . . *für den Dip verrühren*
1 El Limettensaft
1 Knoblauchzehe, gehackt
1 rote Chili, gehackt . . . . *untermischen*
75 g Garnelen, geschält, ohne Darm . . . . . *in heißem Wasser kurz blanchieren, abtropfen lassen, im Mörser stampfen und mit den Fingern feinzupfen, in einer Teflonpfanne ohne Fett unter Rühren bei wenig Hitze 3 Min. mehr trocknen als braten*

2 Zwiebellauchstangen,
   nur das Grüne, in feinen Ringen
½ gestr. Tl Salz
½ gestr. Tl Zucker . . . . *mischen*
2 El Rapsöl . . . . *in einer Pfanne erhitzen und mit dem Zwiebellauch verrühren*

12 Eisbergsalatblätter
12 Shisoblätter
12 Blätter asiatisches Basilikum
12 Blätter vietnamesischer Koriander . . . . *vorbereiten*

1 El Rapsöl . . . . *in einer Poffertjes- oder Förtchenpfanne*
verteilen und erhitzen, die Kuhlen jeweils zu
einem Drittel mit Teig füllen und die Pfanne
schwenken, so dass sich Ränder bilden

12 Wachteleier. . . . . *auf jedes Küchlein ein Ei schlagen, Deckel*
auflegen und 3 Min. bei mittlerer Hitze
garen — die Küchlein rollt man dann mit
dem Zwiebelöl, etwas Garnelenfleisch und
den Kräutern in den Salatblättern zum Wrap

Bei einem Essen im Restaurant oder in der Familie zu Hause kommen in Vietnam immer
mehrere verschiedene Gerichte mehr oder weniger gleichzeitig auf den Tisch, von denen sich
alle bedienen. Auch bei dieser Auswahl ist die Balance sehr wichtig: etwas Scharfes und
etwas Mildes, etwas Knuspriges und etwas in Sauce, Fisch und Fleisch, Kaltes und Warmes.
Das lässt sich natürlich in geringerem Ausmaß nachbauen, wobei man am besten Gerichte,
die sich gut vorbereiten lassen, mit solchen kombiniert, die unmittelbar vor dem Servieren
zubereitet werden müssen, damit es in der Küche nicht zu stressig wird.

Gỏi Bưởi Tôm

GRAPEFRUITSALAT MIT GARNELEN

»Jeder macht Pomelosalat«, sagt Dat Vuong, »ich mag diese Variante mit rosa Grapefruit viel
lieber, weil sie frischer schmeckt.« Ein unkompliziertes Gericht, zu dem auch eine Schale
Klebreis gut passt. Den Salat aber sehr vorsichtig mischen und unbedingt sofort servieren,
da die Grapefruit leicht zerfallen und schnell Saft ziehen.

4 Portionen

0,1 l Hühnerbrühe (oder Wasser)
1 Stängel Zitronengras, in langen Stücken *zum Kochen bringen*
12 Garnelen,
geschält, ohne Darm (ca. 300 g) . . . . *darin unter Rühren mehr dämpfen als
kochen, bis sie sich krümmen, abkühlen
lassen*

2 rosa Grapefruit . . . . *schälen und filetieren*
1 kl. rote Zwiebel . . . . *in dünne Streifen schneiden*
½ Salatgurke . . . . *der Länge nach vierteln,
Kerne herausschneiden, schräg in 0,5 cm
breite Streifen schneiden*

40 g Zucker
2 El Fischsauce
1 El Limettensaft . . . . *zum Dressing rühren*
3 Stück Korianderwurzel, gehackt
2 Knoblauchzehen, gehackt
2 rote Chili, gehackt . . . . *unterrühren; Garnelen mit 2 El dieses
Dressings mischen*

1 kl. Handvoll asiat. Basilikum
1 kl. Handvoll Koriandergrün . . . . *vorsichtig mit Grapefruit, Zwiebeln und
Gurke mischen, Dressing darüber-
gießen, Garnelen darauf anrichten*

1 El Erdnüsse, ... *darüberstreuen*
   trocken, geröstet, ungesalzen, ohne Haut

Gỏi Xoài Tôm Khô

MANGOSALAT MIT GETROCKNETEN SHRIMPS

Die Mango für diesen Salat sollte unbedingt noch fest sein und säuerlich schmecken. Unreife, saure Mangos werden in Vietnam auch in Sticks geschnitten als Straßensnack angeboten, mit Chili und Salz zum Dippen. Kroepoek, die frittierten Krabbenchips, ergänzen diesen Salat hervorragend – der sich natürlich auch mit frischen Shrimps zubereiten lässt, aber in Vietnam schätzt man den festen Biss der getrockneten.

4 Portionen

50 g getrocknete Shrimps	*1 Std. in lauwarmem Wasser einweichen, abgießen und mit heißem Wasser bedecken, je nach Größe ca. 15 Min. kochen, bis sie weicher werden (aber mehr Biss haben als frische Shrimps), abgießen*
2 kl. Schalotten, in feinen Streifen Rapsöl	*erhitzen, Schalotten goldbraun frittieren, auf Küchenkrepp abtropfen lassen*
1 Mango (ca. 0,5 kg), noch richtig fest und säuerlich	*schälen und in 0,5 cm Streifen schneiden*
½ mittl. Salatgurke	*der Länge nach vierteln, Kerne herausschneiden, schräg in 0,5 cm breite Streifen schneiden*
1 kl. Karotte	*schälen und in dünne Streifen schneiden; alles mit den Shrimps mischen*
2 geh. El Zucker 3 El Fischsauce 1 ½ El Limettensaft	*zum Dressing glattrühren*
2 rote Chili, gehackt 2 Knoblauchzehen, gehackt	*mit dem Dressing unter den Mangosalat mischen*
1 kl. Handvoll Minzeblätter, grob gehackt 1 El Erdnüsse, trocken, geröstet, ungesalzen, ohne Haut	*darüberstreuen*

Die getrockneten Shrimps kommen aus dem Mekong-Delta und von der Insel Phú Quốc. Das Trocknen ist natürlich eine Konservierungsmethode, führt aber auch zu einer ganz eigenen, festen Textur. Die besten Qualitäten sind groß und teuer. Auch bei der in der vietnamesischen Küche unersetzlichen Fischsauce gibt es sehr unterschiedliche Qualitäten in Konzentration und Geschmack. Sie wird aus mit Salz in Fässer und Becken eingeschichteten kleinen Fischen gewonnen. Der entstehende Saft fermentiert und bereichert Speisen nicht nur mit Eiweiß, sondern sorgt auch für viel Umami, also herzhafte Tiefe im Geschmack.

Mực Chiên Bơ Gỏi Ổi

GEBRATENER TINTENFISCH MIT GUAVENSALAT

Dieses Rezept klingt wie viele andere in der vietnamesischen Küche durch die vielen Einzelkomponenten anspruchsvoller, als es ist. Viele Schritte lassen sich jedoch gut vorbereiten, und das Ergebnis ist wirklich großartig und ungewöhnlich: Guaven sind knackig und leicht säuerlich und bilden eine tolle Balance zu dem durch die Butter eher üppigen Tintenfisch.

4 Portionen

400 g Tintenfisch, ohne Schild	*waschen, Kopf abtrennen, Körper der Länge nach aufschneiden, innen säubern, kreuzweise quer und schräg in 0,5 cm Abstand ein-, aber nicht durchschneiden, dann der Länge nach halbieren und in 3 cm breite Streifen schneiden; Köpfe halbieren*
1 Tl Zucker	
½ Tl Salz	
½ Tl Pfeffer weiß, gemahlen	
1 Knoblauchzehe, gehackt	
2 Tl Limettensaft	
1 Tl Fischsauce	*mischen und den Tintenfisch damit mind. 15 Min. (max. über Nacht) im Kühlschrank marinieren*
2 Guaven (à ca. 450 g)	*waschen, Blütenansatz entfernen, vierteln, entkernen und in 3 mm dünne Spalten schneiden; mit Salzwasser und einem Spritzer Limettensaft bedeckt beiseitestellen*
3 El Sukiyakisauce	
1 geh. El Palmzucker	
2 Knoblauchzehen, gehackt	
1 Tl Limettensaft	*zum Dip glattrühren*
2 El Fischsauce	
2 El Limettensaft	
2 geh. El Palmzucker	
1 kl. Schalotte, in feinen Scheiben	
2 rote Chili, gehackt	*zum Dressing glattrühren*
50 g Kartoffelstärke	*die Tintenfischstreifen auf einem Teller darin einzeln wenden*
Rapsöl	*erhitzen, Tintenfisch nacheinander hellgelb frittieren, auf Küchenpapier abtropfen lassen*

1 kl. Handvoll Selleriegrün
1 kl. Handvoll Shisoblätter . . . . *mit der gut abgetropften Guave und dem*
Dressing mischen und anrichten

15 g Butter
2 Knoblauchzehen, gehackt
1 Tl Zucker . . . . *in einer Pfanne aufschäumen lassen,*
Tintenfisch darin anschwenken, auf der
Guave anrichten, den Dip extra reichen

Süß und salzig, Obst und Gemüse, diese Grenzen sind im kulinarischen Universum Vietnams ausgesprochen fließend. Die Fülle an Früchten auf den Märkten besonders im Süden Vietnams ist großartig und reicht von Pomelo, Minibananen, Mango jeder Art, Mangostan, Rambutan, Durian, selbstverständlich Ananas und Papaya bis zu den großartigen, milchigen Sternäpfeln – und jeder hat ganz genaue Vorstellungen, was sich wozu am besten eignet und kombinieren lässt. Auf dem Markt wird vieles auf Wunsch geschält, auf- und zugeschnitten.

Gỏi Miến Dong Chay
GLASNUDELSALAT MIT TOFU

Ein absoluter Klassiker im Monsieur Vuong, ganz leicht und auch recht schnell zu machen. Tofu wird bei Monsieur Vuong grundsätzlich auf diese Art frittiert, das lässt sich aber im Voraus erledigen — und lohnt sich geschmacklich sehr.

4 Portionen als Vorspeise oder 2 Portionen als Hauptgang

100 g Glasnudeln (koreanische Art, aus Süßkartoffelstärke)	*15 Min. in lauwarmem Wasser einweichen, abschütten, mit kochendem Wasser übergießen, 3 Min. ziehen lassen, abschütten*
2 geh. El Zucker	
4 El dunkle Sojasauce	
2 El heißes Wasser	*mischen*
1 El Limettensaft	
½ mittl. Schalotte, in feinen Scheiben	
1 rote Chili, gehackt	
1 dicke Scheibe frischer Ingwer, fein gehackt	
1 Knoblauchzehe, gehackt	
½ Tl Sesamöl (geröstet)	*unterrühren*
150 g Seidentofu	*als ganze Scheibe*
Rapsöl	*goldgelb frittieren, etwas abkühlen lassen und in 0,5 cm breite Streifen schneiden*
Karotten	
Eisbergsalat	
Rotkohl	
Weißkohl	
Spinatblätter	*nach Belieben, in Streifen, insgesamt etwa 2 kleine Handvoll; mit Nudeln, Tofu und Dressing mischen*
asiat. Basilikum	
Minze	
Shisoblätter	
2 El Erdnüsse, trocken, geröstet, ungesalzen, ohne Haut	*darüberstreuen*

Gỏi Củ Dền

ROTE BETE MIT KNUSPER-KNOBLAUCH

Eine Vuong-Kreation, die exemplarisch den Bogen zwischen Vietnam und Europa schlägt.
Die Erdigkeit der roten Knollen wird wunderbar durch die Süße des Dressings ausgeglichen.
Korianderwurzeln werden in der asiatischen Küche häufig verwendet, ihr Aroma erinnert ein
wenig an süßlichen Knollensellerie. Den Knoblauch nicht zu lange frittieren,
er schmeckt sonst bitter.

4 Portionen

4 mittlere Rote Bete (= ca. 400 g) . . . . *bissfest kochen, schälen und in ½ cm dünne*
Streifen schneiden

2 El Zucker
2 El Limettensaft
3 El Fischsauce
6 Korianderwurzeln, gehackt
1 Zwiebellauchstange, in sehr feinen Ringen
3 rote Chili, gehackt . . . . *alles verrühren und die Rote Bete damit*
mischen und anrichten

8 Knoblauchzehen, in dünnen Scheiben
Rapsöl . . . . *goldgelb frittieren, abtropfen lassen*
2 El Koriandergrün, grob gehackt . . . . *beides über den Salat streuen*

Gỏi Hoa Chuối Vịt

BANANENBLÜTENSALAT MIT ENTENBRUSTSTREIFEN

Bananenblüten gibt es im Asia-Laden, ähnlich wie Artischocken bringen sie eine feine Bitternote ins Geschmacksspiel. Ihre Zubereitung ist ganz einfach, und sie lassen sich natürlich auch mit Tofu, Garnelen oder Huhn servieren. Die äußeren Blätter sind zu hart zum Essen, eignen sich aber bestens, um darin den Salat anzurichten.

6 Portionen

2 Entenbrüste (= ca. 640 g)	mit Wasser bedecken und ca. 1 Std. leise köcheln, abkühlen lassen, dann in dünne Streifen schneiden
1 Bananenblüte (ca. 750 g)	putzen: die äußeren harten Blätter zum Anrichten beiseitelegen, das Innere quer in feine Streifen schneiden, dabei evtl. Bananensprossen entfernen; die Streifen 15 Min. in einer Schüssel mit Salzwasser mit einem Schuss Essig ziehen lassen
5 El Zucker	
2 El Fischsauce	in einem Topf unter Rühren ganz leicht karamellisieren, etwas abkühlen lassen
5 El Limettensaft	
3 El Fischsauce	
3 El Wasser	
1 Stück frischer Ingwer, ca. 3 x 3 cm, in feinen Streifen	
4 rote Chili, gehackt	
4 Knoblauchzehen, gehackt	alles mit dem Karamel verrühren, die Bananenblüten gut abtropfen lassen und damit mischen
2 Schalotten in feinen Scheiben	
Rapsöl	goldgelb frittieren, abtropfen lassen
1 kl. Handvoll vietnamesischer Koriander, in feinen Streifen	
1 Handvoll Sojabohnensprossen	mit den Entenbruststreifen unter den Salat mischen, auf den Bananenblättern anrichten und die Schalotten darüberstreuen

Nước Lèo Gà

HÜHNERBRÜHE

Kräftige, aromatische Hühnerbrühe ist die Basis der allermeisten Gerichte im Monsieur Vuong. In großen Töpfen köchelt sie jeden Tag in der kleinen, kompakten Küche hinter der Essensausgabe. Zu Hause kann man einmal einen großen Topf voll kochen und portionsweise einfrieren – das schmeckt garantiert besser als jeder Suppenwürfel.

1 Suppenhuhn (ca. 1,5 kg)	*mit Salz abwaschen*
3 l Wasser	*in einem großen Topf zum Kochen bringen, Huhn hineinlegen und wieder zum Köcheln bringen, dabei immer wieder abschäumen – aber die Fettaugen auf der Brühe lassen, sie sind wichtig fürs Aroma!*
30 g frischer Ingwer	
1 ganze Zwiebel.	*beides unter dem Grill oder in einer Pfanne ohne Fett ungeschält bräunen und nach zwei Stunden zur Brühe geben, weitere 30 Min. köcheln – die Brühe kocht auf ca. 2,3 l ein, wenn es weniger sein sollte, mit Wasser auffüllen*
2 Tl Zucker	
2 Tl Salz	*würzen*

Phở Bò

RINDSSUPPE MIT NUDELN

Vietnam ohne Phở ist undenkbar. Es gibt diese Nudelsuppe mit Rindfleisch, mit Huhn, mit eigentlich allem, und außerdem erhitzte Grundsatzdiskussionen über Ursprung und Authentizität. Dat Vuong sagt, dass erstens feste Fleischstücke mit Knochen und Sehnen eine bessere Suppe ergeben und zweitens in einer solchen Hoisinsauce und Limetten nichts zu suchen hätten. Gewürzmengen und Konzentration seines Rezepts mögen ungewohnt scheinen, sind aber das Geheimnis eines wirklich guten Phở.

4 Portionen

1 kg Markknochen . . . . *mit Salzwasser waschen, in kochendem Wasser aufkochen, abschütten*

2 l Wasser . . . . *Knochen 3 Std. leise köcheln lassen; auf ein Sieb schütten, Brühe auffangen und mit Wasser auf 1,6 l auffüllen*

1 großes Stück Ingwer (ca. 80 g)
½ Gemüsezwiebel . . . . *in der Pfanne trocken anrösten*
40 g Kandiszucker
4 Zimtstangen
6 Muskatnüsse
15 Stück Sternanis
1 Korianderwurzel
2 gestr. Tl Salz . . . . *zur Brühe geben; Mark aus den Knochen drücken, mit etwas Brühe pürieren und ebenfalls dazugeben; 15 Min. köcheln lassen, dabei abschäumen*

200 g Reisbandnudeln (Bánh Phở) . . . . *30 Min. in kaltem Wasser einweichen, abschütten, in reichlich heißem Wasser aufkochen, abschütten, in Schalen verteilen*

400 g Rinderfilet,
in sehr dünnen Scheiben . . . . *darauf verteilen, die heiße Brühe darübergießen*

2 El Zwiebellauchgrün, in Ringen
1 Handvoll Koriandergrün,
asiatisches Basilikum und
vietnamesischer Koriander
Pfeffer schwarz, geschrotet . . . . *darüberstreuen – gut durchmengen!*

Súp Hoành Thánh
WANTANSUPPE

Wantan zu falten braucht ein wenig Übung, doch dann ist es wirklich ganz unkompliziert. Die Falttechnik ist dabei wieder anders als bei der frittierten Version. Sie lassen sich auch auf Vorrat machen und ungegart einfrieren, dann gefroren ins kochende Wasser geben.

4 Portionen als Hauptgang à 5 Wantans

120 g Hühnerschenkelfleisch
   (ohne Haut und Knochen) in Würfeln
40 g rohe Garnelen,
   geschält, ohne Darm, in Stücken
10 g Mu-Err-Pilze, eingeweicht, gehackt
2 Knoblauchzehen, gehackt
1 Tl Zucker
½ Tl Sesamöl (geröstet)
1 Tl Fischsauce
1 Prise Pfeffer weiß, gemahlen .... *in der Küchenmaschine fein pürieren*
1 dicke Scheibe frischer Ingwer, gehackt
½ Zwiebellauchstange, in feinen Ringen . *untermischen*
1 Schalotte, in dünnen Ringen
Rapsöl .... *goldgelb frittieren, auf Küchenkrepp*
                                    abtropfen lassen, beiseitestellen
20 Wantanblätter .... *die Füllung darauf verteilen, die Blätter*
                                    jeweils zum Dreieck auf die Hälfte falten
                                    und die beiden spitzen Enden
                                    zusammendrücken; in siedendem Wasser
                                    5 Min. garen, bis sie aufsteigen, dann
                                    abgießen und auf 4 Schalen verteilen
Chinakohl
Karotten
Brokkoli
Zucchini
frische Ingwer in dünnen Scheiben ..... *nach Belieben dazugeben*
2 l heiße Hühnerbrühe .... *darübergießen*
1 kl. Handvoll Koriandergrün
2 Zwiebellauchstangen, in feinen Ringen . *mit den frittierten Schalotten darüberstreuen*

Gà Hầm Hạt Sen Nấm Đông Cô

HÜHNERSUPPE MIT LOTUSKERNEN, DUFTPILZEN UND WACHTELEI

Auch diese Suppe lebt von den vielen Aromen und der Konzentration — achtsam gelöffelt ersetzt sie einen halben Tag im Spa, mindestens. Dat Vuong sagt, sie wirke wie Medizin, wenn man sich müde oder verschnupft fühle oder einem kalt sei.

4 Portionen

200 g Hühnerschenkelfleisch
  (ohne Haut und Knochen), geschnetzelt
½ Tl Zucker
2 Tl Fischsauce . . . . *mischen und mind. 15 Min.*
  (max. über Nacht) im Kühlschrank
  marinieren

100 g getrocknete Lotuskerne
½ Tl Backpulver . . . . *in lauwarmem Wasser 30 Min. einweichen,*
  dann darin 30 Min. weichköcheln, abgießen

150 g Duftpilze (Shiitake), eingeweicht und
  gekocht, in mundgerechten Stücken
1 Stück frischer Ingwer,
  ca. 3 x 3 cm, in dünnen Scheiben
20 g getrocknete Gojibeeren
1 l Hühnerbrühe . . . . *zum Köcheln bringen*
1 El Rapsöl . . . . *in einer Pfanne erhitzen*
1 Schalotte, in dünnen Scheiben . . . . *anschwitzen, das Fleisch dazugeben und bei*
  starker Hitze unter Rühren und Schwenken
  ca. 3 Min. mit wenig Farbe anbraten; zur
  Suppe geben, weiter köcheln

4 Wachteleier, weich gekocht und
  geschält . . . . *mit den Lotuskernen in 4 Schalen verteilen,*
  die heiße Suppe darübergießen

2 El Koriandergrün, grob gehackt
1 Zwiebellauchstange, in Streifen . . . . *darüberstreuen*

Cháo Cá
REISSUPPE MIT FISCH

Dünne Reissuppe, häufig auch als Congee bezeichnet, klingt ungewohnt, schmeckt aber großartig. In Vietnam ist dies ein Klassiker zum Frühstück, je nach Geschmack vielseitig zu variieren und mit Reisresten wirklich schnell zuzubereiten.

4 bis 6 Portionen

2 l kräftige Hühnerbrühe . . . . *erhitzen*
100 g Langkornreis
400 g Klebreis . . . . *zugeben und 40 Min. leise köcheln, so dass der Reis verkocht*

300 g Heilbuttfilet . . . . *schräg in mundgerechte Streifen schneiden*
1 Schalotte, gehackt
1 Knoblauchzehe, gehackt
1 Stück frischer Ingwer,
   ca. 3 x 3 cm, in feinen Streifen
½ Tl Pfeffer weiß, gemahlen
2 Tl Sesamöl (geröstet) . . . . *mit dem Fisch mischen und 15 Min. im Kühlschrank marinieren*

1 Schalotte, in feinen Scheiben
Rapsöl . . . . *goldgelb frittieren, abtropfen lassen*
75 g Kräuterseitlinge,
   in mundgerechten Streifen
1 mittlere Karotte, fein gewürfelt . . . . *beides zur Suppe geben und einige Minuten mitköcheln, dann den Fisch mit der Marinade dazugeben und nochmals 3 Min. mitköcheln – die Suppe evtl. mit Brühe oder Wasser verdünnen*

1 Stück frischer Ingwer,
   ca. 3 x 3 cm, in feinen Streifen
2 El Koriandergrün
1 El Zwiebellauch grün, in Ringen . . . . *darauf anrichten*
Pfeffer schwarz, geschrotet
rote Chili, nach Geschmack . . . . *die Suppe individuell würzen*

Canh Khổ Qua Cá Thác Lác
MIT FISCH GEFÜLLTE BITTERGURKEN IN HÜHNERBRÜHE

Das Bittere der Gurken (oder Melonen, wie sie auch genannt werden) wird durch die Brühe gedämpft, und das Ergebnis ist geschmacklich etwas ganz Besonderes. Auch diese Suppe sei besonders wohltuend bei Grippe und Erkältung, sagt Dat Vuong.

6 Portionen

400 g Fischfleisch, feingehackt
  (bronzener Federrücken,
  tiefgekühlt im Asialaden erhältlich)
½ Tl Salz
1 Tl Zucker
½ gestr. Tl Pfeffer weiß, gemahlen
1 Tl Fischsauce
1 Knoblauchzehe, gehackt
1 kleine Schalotte, gehackt
1 Zwiebellauchstange, in feinen Ringen . . *alles gründlich mischen und glattschlagen*
2 Tl Rapsöl
½ Tl Natron . . . . *einarbeiten, 15 Min. abgedeckt im*
  Kühlschrank ruhen lassen
6 Bittergurken . . . . *der Länge nach ein-, aber nicht durch-*
  schneiden, die Kerne mit einem Teelöffel
  herausschaben und die Gurken mit der
  Fischmasse füllen
  (den Rest zu Fischbällchen formen)
Pfefferkörner, schwarz . . . . *zur Dekoration in die Masse drücken*
1,5 l Hühnerbrühe . . . . *in einem großen Topf erhitzen, die Gurken*
  45 Min. leise köcheln, zum Servieren in
  dicke Scheiben schneiden

Cà Ri Bí Đỏ

ROTES CURRY MIT HUHN UND KÜRBIS

»Gerichte mit Huhn essen meine Stammkunden am liebsten«, sagt Dat Vuong – was keine Überraschung sein sollte, wenn die Aromen so komplex und die Schärfe so ausgewogen ist.

4 Portionen

500 g Hühnerschenkelfleisch (ohne Haut und Knochen) in 1 cm breiten Streifen	
½ Stängel Zitronengras, sehr fein gehackt	
1 geh. Tl Zucker	
½ Tl Salz	
½ Tl Pfeffer weiß, gemahlen	
1 Tl Currypulver	
2 Knoblauchzehen, gehackt	*alles gut mit dem Fleisch mischen, mind. 30 Min. (max. über Nacht) im Kühlschrank marinieren*
2 El Rapsöl	*in einem großen Topf erhitzen*
½ Stängel Zitronengras, sehr fein gehackt	
6 Knoblauchzehen, gehackt	
4 Korianderwurzeln, gehackt	*unter Rühren anschwitzen*
4 rote Chili, gehackt	
100 g rote Currypaste	*zugeben und unter Rühren 5 Min. anbraten, damit sich die Aromen richtig entfalten*
600 ml Kokosmilch	*nach und nach zugeben und unter Rühren immer wieder zum Kochen bringen, bis jeweils eine dünne, orangeleuchtende Kokosölschicht aufsteigt*
6 Limettenblätter	
100 ml flüssige Sahne (oder Kokosmilch)	
2 El Zucker	
2 El Fischsauce	
1 El Limettensaft	*zugeben, durchkochen, Hühnerfleisch untermischen, zum Köcheln bringen*
350 g Hokkaidokürbis, geschält, entkernt, in ca. 3 cm dicken Würfeln	*nach 10 Min. zum Curry geben, mit Deckel 20 Min. weiter köcheln*
1 Stück frischer Galgant, ca. 5 cm, gehackt	
½ Stängel Zitronengras, sehr fein gehackt	
1 rote Paprikaschote, in Streifen	*untermischen*
asiat. Basilikum, Minze, Shisoblätter, . . . insgesamt eine gute Handvoll	*auf dem Curry anrichten*

Gà Xào Lăng

HUHN MIT KURKUMA

Kurkuma gilt als ausgesprochen gesundes Gewürz, ein zusätzlicher Bonus dieses Gerichts, das eine spannende Variante zum roten Curry darstellt und wie auch die Currys mit Reis am besten schmeckt.

4 Portionen

600 g Hühnerschenkelfleisch (ohne Haut
   und Knochen) in 1 cm breiten Streifen
1 El Zucker
½ Tl Salz
1 geh. Tl Kurkumapulver
1 El Fischsauce
½ Stängel Zitronengras, sehr fein gehackt
3 Knoblauchzehen, gehackt
½ Tl Pfeffer weiß, gemahlen
1 El Rapsöl . . . . *alles gut mit dem Fleisch mischen,*
mind. 30 Min. (max. über Nacht)
im Kühlschrank marinieren

3 El Rapsöl . . . . *in einer großen Pfanne erhitzen*
4 Knoblauchzehen, gehackt
2 Zitronengrasstängel, sehr fein gehackt
4 rote Chili, gehackt . . . . *unter Rühren goldgelb anschwitzen; Fleisch*
mit Marinade zugeben, bei starker Hitze
unter Schwenken und Rühren 3 Min. braten

2 El Fischsauce
75 ml Kokosmilch
2 Tl Zucker
1 mittl. rote Zwiebel, in breiten Streifen
2 Zwiebellauchstangen,
   in schrägen breiten Streifen
1 Stängel Zitronengras, sehr fein gehackt
2 Knoblauchzehen, gehackt . . . . *untermischen und kurz mitbraten; das*
Ergebnis soll keine Sauce sein, sondern
eher cremig glasiertes Fleisch
vietnamesischer Koriander . . . . *mit dem Fleisch anrichten*

Cà Ri Bò Khoai Môn

GRÜNES CURRY MIT RIND UND TARO

Es gibt zugegebenermaßen fotogenere Gerichte, aber wenige, die einen solch fantastischen geschmacklichen Kick mitbringen — der durch die mehlig-fruchtigen Tarowurzeln aufgefangen wird. In Vietnam isst man solch ein Curry auch gerne zum Frühstück und am liebsten mit Baguette.

4 Portionen

600 g Rinderbeinscheiben
   ohne Knochen, in großen Würfeln
1 El Zucker
½ Tl Salz
1 gestr. Tl Pfeffer weiß, gemahlen
1 geh. Tl Currypulver
1 Tl Fischsauce
½ Stängel Zitronengras, sehr fein gehackt
2 Knoblauchzehen, gehackt . . . . *gut mit dem Fleisch mischen und mind. 30 Min. (max. über Nacht) im Kühlschrank marinieren*

3 El Rapsöl . . . . *in einer großen Pfanne erhitzen*
1 ½ Stängel Zitronengras, sehr fein gehackt
1 Knoblauchzehe, gehackt . . . . *kurz anschwitzen*
100 g grüne Currypaste . . . . *zugeben und unter Rühren bei mittlerer Hitze 2 Min. anschwitzen*
200 ml Kokosmilch . . . . *nach und nach zugeben und unterrühren, dabei immer wieder aufkochen und köcheln lassen, bis das Fett aufsteigt; dann das Fleisch zugeben, alles wiederum zum Köcheln bringen*
400 ml Wasser oder Brühe . . . . *zugießen, Deckel auflegen und 15 Min. schmoren*

400 g Taro, geschält, in großen Würfeln
1 geh. El Zucker
10 Limettenblätter . . . . *mit dem Taro zum Fleisch geben, weiter schmoren, insgesamt 1 Std., bis das Fleisch ganz weich ist*

1 El Erdnüsse, trocken, geröstet, ... *zum Schluss darüberstreuen*
   ohne Haut

Bún Bò Nam Bộ

GEBRATENES RINDFLEISCH MIT NUDELN UND KRÄUTERN

Ein schnelles, unkompliziertes Gericht, das sich auch mit Schweinefilet oder Hühnerbrust zubereiten lässt. Wichtig: nicht an den Kräutern sparen, denn die bringen Frische ins Spiel und sind super gesund — also lieber mehr als weniger verwenden. Natürlich lässt sich dieses Rindfleisch auch ohne Nudeln oder mit einer anderen Art von Nudeln servieren — in Vietnam sind grundsätzlich Variationen aller Art immer möglich.

4 Portionen

2 Knoblauchzehen, gehackt
1 El Fischsauce
1 El Rapsöl
1 El Austernsauce
1 El Zucker
1 Tl Pfeffer weiß, gemahlen
0,5 kg Rinder-Oberschale, ... *alles gut mischen und mind. 1 Std.*
  sehr dünn geschnetzelt *(max. über Nacht) im Kühlschrank marinieren*

350 ml Wasser . . . . *erhitzen*
70 g Zucker . . . . *auflösen*
5 El Fischsauce
2 El Essig
15 g Ingwer, gehackt
2 Knoblauchzehen, gehackt
2 rote Chili, gehackt . . . . *alles zu einem Dressing mischen*
500 g breite Reisnudeln . . . . *mit kochendem Wasser übergießen, 5 Min. quellen lassen, abschütten und lauwarm auf 4 Schalen verteilen*

Karotten
Eisbergsalat
Rotkohl
Weißkohl
Spinatblätter . . . . *in dünnen Streifen und beliebiger Zusammenstellung, insgesamt etwa 2 kleine Handvoll auf die Nudeln geben und Dressing darüber verteilen*

2 El Rapsöl . . . . *in einer großen Pfanne erhitzen*
2 kleine Schalotten, in feinen Scheiben
2 Knoblauchzehen, gehackt . . . . *kurz anschwitzen, das Fleisch dazugeben,*
bei starker Hitze unter Rühren und
Schwenken anbraten

1 El Austernsauce
1 rote Zwiebel, in breiten Streifen
1 kleine Handvoll Sellerieblätter . . . . *kurz mitbraten, alles auf den Nudeln*
anrichten

asiatisches Basilikum
Koriandergrün
Shisoblätter . . . . *reichlich darüber verteilen*

Die meisten asiatischen Nudeln brauchen nur eingeweicht oder mit heißem Wasser über-
brüht werden. An der Essensausgabe im Monsieur Vuong steht ein großer Topf mit ständig
leise siedendem Wasser, in das die Nudeln in einem speziellen Sieb mehr oder weniger lange
hineingehängt werden. Am besten probiert man sich durch das Angebot im Asia-Laden und
richtet sich nach den Anweisungen der jeweiligen Packung. Es gibt dabei auch viele gluten-
freie Varianten, etwa aus Reis, Maniok oder Süßkartoffeln zu entdecken.

Bò Kho Pâté

RINDERRAGOÛT MIT PÂTÉ

Pâté, also Leberpastete (oder schlichtweg Leberwurst), ist natürlich wie die Baguettes/Banh Mi oder die große, an Notre Dame erinnernde Kathedrale in Saigon eine Hinterlassenschaft der Franzosen. Diese Kombination mit Rindfleisch ist jedoch eine Vuong-Kreation mit einer fantastisch cremigen Sauce, die unbedingt mit (»französischem«) Baguette aufgetunkt werden sollte.

4 Portionen

0,5 kg Rinderbeinscheiben ohne Knochen, in 3-4 cm großen Würfeln	*in heißem Wasser blanchieren, abschütten, mit kaltem Wasser abspülen, gut abtropfen lassen*
1 Tl frische grüne Pfefferkörner, grob zerstoßen	
2 Knoblauchzehen, gehackt	
½ Tl Salz	
1 geh. Tl Kartoffelstärke	
50 g Hausmacher-Leberwurst	
1 El Rapsöl	*mit dem Fleisch mischen, 1 Std. im Kühlschrank marinieren*
2 El Rapsöl	*im Schmortopf erhitzen*
2 Knoblauchzehen, gehackt	*anschwitzen; Fleisch und Marinade dazugeben, unter Rühren bei starker Hitze 3 Min. anbraten*
400 ml kaltes Wasser oder Brühe	*zugießen, unter Rühren zum Köcheln bringen, dabei Ansatz loskochen und abschäumen, dann mit geschlossenem Deckel 50 Min. leise schmoren*
150 g Karotten, in 2 cm Würfeln	
1 mittl. Zwiebel, in breiten Streifen	*zugeben und 15 Min. weiter schmoren*
50 g Leberwurst	
½ Tl frische grüne Pfefferkörner, grob zerstoßen	
1 rote Chili, gehackt	*unter das Ragoût mischen*
Koriandergrün	*darüberstreuen*

Gewürzkauf ist auch in Vietnam Vertrauenssache und wie jede Transaktion auf dem Markt Anlass zu einem längeren Gespräch über Herkunft, Qualität und Preis. Dat Vuong kommt von jeder Vietnamreise mit einem großen Koffer voller besonderer Einkäufe zurück. Er trinkt morgens gerne etwas Kurkumapulver in heißem Wasser oder überbrüht frischen Kurkuma, weil er dies als wohltuend für den Magen empfindet. Kurkuma ist inzwischen auch bei uns frisch erhältlich – doch Achtung: die Rhizome sind extrem farbintensiv. Daher unbedingt Handschuhe tragen und auf die Küchenutensilien und den Tisch achten!

Heo Kho Tộ

WÜRZIGER SCHWEINEKAMM MIT SCHWARZEM PFEFFER

Nicht nur die Franzosen, sondern auch die Chinesen haben in der vietnamesischen Küche unübersehbar ihre Spuren hinterlassen. Dazu gehört das schnelle Braten im Wok. Solche Gerichte gelingen aber auch in einer großen Pfanne. Sie sind unkompliziert und schnell zubereitet und schmecken natürlich auch mit Salat, Reis oder Brot hervorragend.

4 Portionen

500 g Schweinenacken ohne Knochen,
   sehr dünn geschnetzelt
1 geh. Tl Zucker
½ Tl Salz
1 Tl Fischsauce
½ Tl Pfeffer weiß, gemahlen
1 Tl Ketjab Manis (süße Sojasauce)
1 Knoblauchzehe, gehackt . . . . *gut mit dem Fleisch mischen, 15 Min. (max. über Nacht) im Kühlschrank marinieren*

3 El Rapsöl . . . . *in einer großen Pfanne erhitzen*
1 ½ El Zucker . . . . *verrühren und leicht karamellisieren, Fleisch zugeben und bei nicht zu starker Hitze unter Rühren einige Minuten braten*

1 geh. Tl Pfeffer schwarz, geschrotet
1 große rote Zwiebel, in breiten Streifen
50 ml Wasser
2 El Fischsauce . . . . *zugeben, bei niedriger Hitze 10 Min. weiter garen*

½ Tl Pfeffer schwarz, geschrotet . . . . *darüberstreuen und zu breiten Reisnudeln servieren*

Heo Quay

GEGRILLTER SCHWEINEBAUCH

Ein richtig knusprig gegrillter und doch saftiger Schweinebauch ist ein kleines Kunstwerk und ein Projekt über mehrere Tage, aber eigentlich nicht viel Arbeit. Schmeckt in dünnen Scheiben lauwarm oder kalt, solo oder zum Salat.

8 Portionen

1 kg Schweinebauch mit Schwarte . . . . . . *waschen, in fingerhoch Salzwasser auf*
   (vorzugsweise ein Bruststück)   *der Hautseite 2 Min. kochen; Fleischseite mit einem spitzen Messer in 2 cm Abständen 1 cm tief einstechen, Hautseite mit Messerrücken abschaben, trocknen und 3 mm tief einstechen*

1 geh. Tl Salz
1 El Zucker
½ Tl Pfeffer weiß, gemahlen
1 geh. Tl Fünf-Gewürze-Pulver
1 El Würzwein
   (mit Anis, Zimt und Muskatnuss aromatisiert, ersatzweise dunkler Rum)
1 Tl Sesamöl (geröstet)
1 ½ El Austernsauce . . . . *zur Marinade verrühren, sehr gründlich, auch von den Seiten (aber nicht in die Haut) ins Fleisch einmassieren; mit der Hautseite nach oben auf ein Blech mit Rand legen, evtl. Marinade von der Haut wischen*

1 gestr. El Salz
2 El Essig
1 geh. Tl Natron . . . . *mischen, Hautseite damit bepinseln (Rest aufheben), Fleisch 2 Tage offen im Kühlschrank trocknen lassen; das Blech mit dem Fleisch mit Alufolie verschließen und im 220 °C vorgeheizten Ofen mit Umluft garen; nach 20 Min. mit Salzlösung bepinseln und 20 Min. offen garen, dann 20 Min. von oben grillen, so dass die Haut bräunt und Bläschen bildet; Grill ausschalten und das Fleisch 15 Min. im geschlossenen Ofen ruhen lassen*

Cá Hấp Chanh Xả

GEDÄMPFTER FISCH MIT KNOBLAUCH UND CHILI

Vielleicht muss man beim Dämpfen etwas improvisieren, etwa in einem großen Topf mit fingerhoch Wasser einige Näpfchen stellen und darauf einen Teller mit dem Fisch, oder in einen der großen Bambuskörbe im Asia-Laden investieren. Ansonsten ist diese Methode aber wirklich ganz einfach und lässt sich auch bestens auf andere Fische anwenden.

4 Portionen

2 Doraden, jeweils ca. 500 g, ... *einige Male quer einschneiden*
   ausgenommen mit Kopf
1 Tl Zucker
1 El Fischsauce
2 Tl Pfeffer schwarz, geschrotet
2 Knoblauchzehen, gehackt . . . . *mischen und die Fische innen und außen*
                                                damit einreiben, im Kühlschrank 30 Min.
                                                marinieren

3 Korianderwurzeln, gehackt
2 Knoblauchzehen, gehackt
1 kleine Schalotte, gehackt
2 cm frischer Galgant, in feinen Scheiben
3 rote Chili, in schrägen dünnen Scheiben
1 gestr. El Zucker
1 El heißes Wasser
2 El Fischsauce
1 ½ El Limettensaft . . . . *mischen; die Fische auf einem Teller im*
                                                Dämpfer bei starker Hitze 15 Min. garen,
                                                die Sauce darübergeben und nochmals
                                                5 Min. garen

Cá Thu Kho Khóm

SCHARF GESCHMORTE MAKRELE MIT ANANAS

Ananas in einem asiatischen Gericht klingt immer nach Klischee, fügt sich hier aber am Ende bestens ins geschmackliche Ganze ein; die Säure balanciert den kräftigen Fisch. Nicht vergessen: das Beste sind nach asiatischem Dafürhalten der Schwanz und vor allem der Kopf! Am besten Reis dazu servieren, der die Schärfe auffängt.

4 Portionen

800 g Makrele, ausgenommen, mit Kopf
    und Schwanz, in ca. 10 cm langen Stücken
1 Zwiebellauchstange, gehackt
2 Knoblauchzehen, gehackt
1 Tl Chiliflocken
½ Tl Salz
1 gestr. El Zucker
2 El Fischsauce
1 El Rapsöl . . . . *in einer Schüssel mit dem Fisch mischen,*
15 Min. im Kühlschrank marinieren
1 El Rapsöl . . . . *in einem großen Topf erhitzen*
1 Knoblauchzehe, gehackt
½ Zwiebellauchstange, gehackt . . . . *anschwitzen*
500 ml Wasser
1 El Ketjab Manis (süße Sojasauce) . . . . . . *ablöschen und zum Kochen bringen, den*
Fisch mit der Marinade dazugeben und
45 Min. leise köcheln
500 g frische Ananas . . . . *schälen, vierteln und in ½ cm dicke Scheiben*
schneiden (300 g netto), zum Fisch geben
und weitere 15 Min. garen
1 Zwiebellauchstange,
    in 5 cm langen Stücken
4 ganze rote Chili . . . . *ganz zum Schluss einmal mit aufkochen*

Tôm Rim Ba Rọi

KARAMELLISIERTE GARNELEN MIT SCHWEINEBAUCH

Fisch und Fleisch kennen keine Berührungsängste in Vietnam und ergänzen sich wirklich bestens. Wenn die Garnelen nicht zu groß sind, kann man die Schalen einfach mitknuspern.

4 Portionen

2 El Rapsöl	*in einer Pfanne erhitzen*
4 El Zucker	*verrühren und goldgelb karamellisieren*
200g Schweinebauch ohne Schwarte	*untermischen und bei mittlerer Hitze 1 Min.*
in 0,5 cm dicken, 5 cm langen Streifen	*braten*
16 Garnelen ohne Kopf und Darm,	
mit Schale (300 g)	
2 Knoblauchzehen, gehackt	
1 ½ El Fischsauce	
½ Tl Pfeffer weiß, gemahlen	*einschwenken und 3 Min. weiter garen*
1 Zwiebellauchstange,	
der Länge nach halbiert, in 5-cm-Stücken	
1 kl. rote Zwiebel, in Streifen	*kurz mit durchschwenken*
1 kleine Handvoll Koriandergrün	*darüberstreuen*

Tôm Rang Me
GARNELEN MIT TAMARINDENSAUCE

Tamarindenkerne, hierzulande im Asia-Laden als Pulp oder Paste erhältlich, bringen eine ausgeprägte Säure ins Spiel, die eher an Äpfel als an Zitrus oder Essig erinnert. Im geschmacklichen Gesamtbild sorgt das für viel Frische und Lebendigkeit und macht im Sommer besonders viel Spaß.

4 Portionen

16 Garnelen
  ohne Kopf und Darm, mit Schale (300 g)
1 gestr. Tl Zucker
½ gestr. Tl Pfeffer weiß, gemahlen . . . . . . *mischen und 15 Min. im Kühlschrank marinieren*

Rapsöl . . . . *fingerhoch in einem Topf erhitzen, die Garnelen darin nach und nach kurz vorfrittieren, so dass sie leicht rötlich sind*

3 El Tamarindenpaste
1 El Austernsauce
½ Tl Sesamöl (geröstet)
1 Tl Fischsauce . . . . *mischen*
3 El Rapsöl . . . . *in einer großen Pfanne erhitzen*
3 Knoblauchzehen, gehackt . . . . *kurz anschwitzen, mit der Sauce ablöschen, einmal aufkochen, Garnelen zugeben, schwenken und rühren, dann mit aufgelegtem Deckel 5 Min. bei mittlerer Hitze garen*

2 El Koriandergrün, grob gehackt
1 Zwiebellauchstange, nur das Weiße und
  Hellgrüne, in langen dünnen Streifen
½ Tl Pfeffer schwarz, geschrotet . . . . *unmittelbar vor dem Servieren zugeben*

Đậu Kho Nấm Hương
SEIDENTOFU MIT DUFTPILZEN IN SOJA UND INGWER GESCHMORT

Tofu gilt in asiatischen Küchen nicht als Fleischersatz, und auch dies ist alles andere als ein Ersatzessen, sondern vielmehr ein kräftiges, dunkles und köstliches Gericht ohne Fleisch — ausgesprochen rotweintauglich.

4 Portionen

400 g Seidentofu
Rapsöl . . . . *die ganzen Scheiben goldgelb frittieren, abkühlen lassen und vierteln*

1 gestr. El Zucker
½ Tl Salz
2 El dunkle Sojasauce
2 El Austernsauce
400 ml Wasser . . . . *mischen*
2 El Rapsöl . . . . *in einer großen Pfanne erhitzen*
2 Knoblauchzehen, gehackt
1 Zwiebellauchstange, gehackt . . . . *bei mittlerer Hitze kurz anschwitzen, Tofu zugeben, mit der Sauce ablöschen, vorsichtig mischen*

1 Stück frischer Ingwer,
    ca. 2x2 cm, in feinen Streifen
2 rote Chili, gehackt
100 g Kräuterseitlinge, ... *einschwenken, 10 Min. leise köcheln*
    in mundgerechten Stücken
100 g Duftpilze (Shiitake), eingeweicht
    und gekocht, ohne Stiele,
    in mundgerechten Stücken
1 Tl Sichuanpfeffer, ... *wiederum vorsichtig untermischen, Deckel auflegen und 10 Min. schmoren, bis die Flüssigkeit quasi verkocht ist*
    im Mörser grob zerstoßen
1 Tl Sesamöl (geröstet) . . . . *würzen*
1 Tl gerösteter Sesam . . . . *vor dem Servieren darüberstreuen*

Măng Tây Xào Bàu Ngư

PFANNENGERÜHRTER SPARGEL MIT AUSTERNPILZEN

Ganz einfach, ganz schnell und entweder in sich komplett oder eine ideale Ergänzung zu einem Fleisch- oder Fischgericht. Lässt sich mit weißem Spargel abwandeln.

4 Portionen

500g grüner Spargel	*putzen und schräg in 5 cm lange Stücke schneiden, mit heißem Wasser überbrühen, abtropfen lassen*
100g Austernpilze	*putzen und in mundgerechte Stücke schneiden*
1 kl. Karotte	*schälen und in dünne Scheiben schneiden*
1 geh. Tl Zucker	
1 El Austernsauce	
1 El dunkle Sojasauce	*verrühren*
3 El Rapsöl	*in einer großen Pfanne erhitzen*
1 kl. Schalotte, gehackt	*kurz anschwitzen, nacheinander Spargel, Karotten und Pilze zugeben, jeweils 1 Min. unter Rühren und Schwenken anbraten, dann die Sauce zugeben, unter Rühren glasieren*
2 Knoblauchzehen, gehackt	*ganz zum Schluss untermischen*

Cà Tím Nướng Mỡ Hành

GEGRILLTE AUBERGINEN MIT CHILI-DRESSING

Ob als Vorspeise, Hauptgang oder Zwischengericht, diese Auberginen sind ganz flexibel. Schließlich sind diese Unterscheidungen in Vietnam sowieso unbekannt. Zusätzlicher Bonus: Sie lassen sich bestens vorbereiten.

4 Portionen

2 Auberginen *(jeweils ca. 350 g)*	*der Länge nach halbieren und bei 200 °C im Ofen mit der Schnittseite nach unten bräunen, etwas abkühlen lassen, die Haut abziehen und das Fleisch der Länge nach in 4 Scheiben schneiden, auf einer Platte anrichten*
2 El Rapsöl	*erhitzen*
2 Knoblauchzehen, gehackt	
½ mittlere Zwiebel, gehackt	*glasig anschwitzen*
1 Zwiebellauchstange, in feinen Ringen . . .	*untermischen, über den Auberginen verteilen*
2 El Palmzucker	
4 El Fischsauce	
2 El Limettensaft	*leicht erwärmen und gut verrühren*
4 rote Chili, gehackt	
2 Knoblauchzehen, gehackt	
6 Korianderwurzeln, gehackt	*dazugeben und das Dressing über den Auberginen verteilen*

Rau Muống Xào Tỏi Chao

WASSERSPINAT MIT KNOBLAUCH UND EINGELEGTEM TOFU

Wasserspinat gibt es im Asia-Laden, er lässt sich aber auch durch heimischen Spinat ersetzen, dann möglichst den dunkleren, kräftigeren Wurzelspinat verwenden.

4 Portionen

400 g Wasserspinat . . . . *waschen, mit heißem Wasser überbrühen, abschütten, mit kaltem Wasser abschrecken und abtropfen lassen*

50 g mit Reiswein und Soja eingelegter Tofu
 (aus dem Asia-Laden)
1 El Tofufond
1 El Zucker . . . . *mischen*
3 El Rapsöl . . . . *in einer großen Pfanne erhitzen*
4 Knoblauchzehen, in dünnen Scheiben . *kurz andünsten, die Sauce zugeben und durchrühren, den Spinat in die Pfanne geben und unter Rühren und Schwenken einmal durchkochen*

Khổ Qua Xào Trứng

PFANNENGERÜHRTE BITTERGURKEN MIT EI

Roh schmecken Bittergurken bzw. -melonen tatsächlich sehr bitter. Aber durch das Braten und das Ei mildert sich dieser Eindruck — und ein kräftiger südfranzösischer oder australischer Rotwein passt überraschenderweise großartig dazu.

4 Portionen

4 Bittergurken (jeweils ca. 100 g) . . . . *halbieren, entkernen und quer in 2 mm dünne Scheiben schneiden*

2 Eier
1 Tl Pfeffer schwarz, geschrotet
½ Tl Salz
1 Tl Zucker
1 El Fischsauce . . . . *verquirlen*
3 El Rapsöl . . . . *in einer großen Pfanne erhitzen*
1 kl. Schalotte, gehackt
2 Knoblauchzehen, gehackt . . . . *kurz glasig anschwitzen, Gurken dazugeben, unter Rühren und Schwenken mit wenig Farbe anbraten; die Eier dazugießen und weiter rühren und schwenken, bis sie gerade gestockt sind*
1 Zwiebellauchstange, in Ringen . . . . *darüberstreuen*

Chè Bắp

SÜSSE MAISSUPPE MIT PANDAN UND KOKOSCREME

Die meisten süßen Gerichte gelten in Vietnam eher als Snack und werden gern nachmittags gegessen. Solche Suppen gibt es in vielen Variationen, auch mit allen Arten von Bohnen, Taro, Reis und Kokos, an darauf spezialisierten Straßenständen.

4 bis 6 Portionen

50 g Klebreis
½ Tl Salz
1 Pandanblatt, fingerlang gefaltet und die Enden
    gegeneinander verdreht, um es leicht anzubrechen
750 ml Wasser . . . . *15 Min. kochen*
250 g geriebene, unreife Maiskörner . . . . . *zugeben und weitere 30 Min. köcheln*
    (Bap Bào, tiefgefroren aus dem Asia-Laden)
125 g Zucker . . . . *vorsichtig untermischen und auflösen,*
                                             etwas abkühlen lassen

200 ml Kokosmilch
100 ml Wasser
1 El Palmzucker
2 Pandanblätter wie oben . . . . *für die Sauce mischen und 5 Min. köcheln*
1 gestr. Tl Reismehl . . . . *mit wenig kaltem Wasser anrühren, die*
                                             Sauce damit andicken und auf der Suppe
                                             anrichten

Kem Gừng

KOKOS-INGWER-FLAN

Sehr zart und elegant, erinnert an Crème brûlée und Panna cotta und ist doch ganz Monsieur Vuong.

4 Portionen

40 g Ingwer, fein gehackt oder gerieben .. *mit der Hand fest auspressen, Saft durch ein Sieb geben, Ingwer beiseitestellen*

150 ml Kokosmilch
50 ml Sahne (oder ebenfalls Kokosmilch)
30 g Zucker
1 Prise Salz
1 Beutel Bourbon-Vanille-Extrakt
2 Eigelb . . . . *mit dem Ingwersaft verquirlen, in 4 kleine flache Schälchen verteilen und im Ofen im Wasserbad bei 130 °C 45 Min. garen*

50 g flüssigen Honig . . . . *mit dem Ingwer verrühren und leicht erwärmen, auf den lauwarmen Flans verteilen*

1 El Minzeblätter, grob gehackt . . . . *darüberstreuen*

Chè Chuối

BANANEN IN KOKOSMILCH

»Ich liebe das Aroma von Pandan-Blättern«, sagt Dat Vuong — unbedingt im Asia-Laden frische besorgen, künstliches Aroma ist tabu. Wie in allen süßen Gerichten in Vietnam ist auch hier das Salz wichtig, genauso wie umgekehrt der Zucker in Herzhaftem.

4 Portionen

4 Mini-Bananen . . . . *schälen und mit einem breiten flachen Messerrücken leicht platt drücken*

½ Tl Salz
1 Tl Zucker
1 El weißer Rum . . . . *verrühren und die Bananen auf einem Teller damit 15 Min. marinieren*

40 g Tapiokaperlen . . . . *5 Min. in kaltem Wasser einweichen*
200 ml Wasser
400 ml Kokosmilch
100 g Palmzucker
2 Pandanblätter, fingerlang gefaltet und die Enden
gegeneinander verdreht, um sie leicht anzubrechen
½ Tl Salz . . . . *in einem flachen Topf erhitzen, die Bananen hineinlegen und 15 Min. leise köcheln lassen, dann die abgetropften Tapiokaperlen zugeben und 10 Min. weiter garen*

2 El Erdnüsse, trocken, geröstet, ... *zum Schluss darüberstreuen*
ohne Haut

Chè Bột Báng

TAPIOKABÄLLCHEN

Tapiokaperlen erinnern an Sago, und diese Bällchen sind wunderbar glänzend in sie eingehüllt; ein perfekter, magenberuhigender Abschluss nach einem Essen voller Aromen und Chilischärfe.

4 Portionen

50 g gelbe Mungbohnen	*in kaltem Wasser 1 Std. einweichen*
(getrocknet, geschält, gespalten)	
1 Prise Salz	*Bohnen gut weichkochen, abschütten*
1 geh. El Zucker	
1 gute Prise Salz	
1 Tl Zwiebellauchgrün, sehr fein gehackt .	*glattrühren; in geölter Klarsichtfolie 4 Bällchen formen, im Kühlschrank etwas antrocknen lassen, dann nochmals rund rollen*
90 g Tapiokaperlen	*in kochendem Wasser unter Rühren aufkochen, vom Feuer ziehen und mit Deckel 10 Min. ziehen lassen; abgießen*
15 g Tapiokamehl	
1 Tl Reismehl	
¼ Tl Salz	*mit den Tapiokaperlen zum Teig mischen, warm zwischen Klarsichtfolie ½ cm dick ausrollen, in vier Teile schneiden; jeweils eines auf Klarsichtfolie in die Hand nehmen, Bohnenbällchen daraufsetzen, mit Tapioka-masse umhüllen und rund formen*
300 ml Wasser	
2 Pandanblätter, fingerlang gefaltet und die Enden	
gegeneinander verdreht, um sie leicht anzubrechen	
75 g Palmzucker	*10 Min. leise köcheln*
200 ml Kokosmilch	
¼ Tl Salz	*zugeben*
1 gestr. Tl Reismehl	*mit wenig kaltem Wasser anrühren, Sauce damit leicht binden, Pandanblätter herausnehmen; reichlich Wasser zum Sieden bringen, Bällchen 5 Min. ziehen lassen, dann mit dem Schaumlöffel in die Sauce heben und 3 Min. leise köcheln*
1 Tl gerösteter Sesam	*zum Servieren auf die Bällchen streuen*

SMOOTHIE MIT HEIDELBEEREN UND ASIATISCHEM BASILIKUM

1 Portion

50 g Heidelbeeren (frisch oder gefroren)
100 ml Ananassaft
4 Blätter asiatisches Basilikum
½ Limette (Saft)
1 EL Zucker
100 ml Soda
6 Eiswürfel . . . . *alles im Mixer zur gewünschten Konsistenz*
zerkleinern

frische Ananas
Basilikumblätter . . . . *dekorieren*

MONSIEUR-VUONG-TEE SPEZIAL

1 Portion

½ Stängel Zitronengras . . . . *mit dem Messerrücken anquetschen*
2 Scheiben frischer Ingwer
1 Sternanis
400 ml Wasser . . . . *mischen und 10 Min. köcheln*
½ Orange (Saft)
frische Minzeblätter
½ Tl frischer Limettensaft . . . . *in einer Schale mit dem Würzsud aufgießen*

Der in Vietnam omnipräsente Kaffee ist ebenfalls dem französischen Einfluss zu
verdanken. Im Monsieur Vuong wird er ganz original serviert, als Espresso auf einer Schicht
süßer Kondensmilch, deren bekannteste Marke den schönen Namen Longevity trägt.
Vor dem Genießen kräftig umrühren — ein Energieschub fürs quirlige Stadtleben, sei es in
Saigon oder Berlin. Den eigentlichen Durst stillt aber — außer Bier und Wein — der Tee,
und die nötigen Vitamine gibt es vorher in Form von frisch gepressten Säften und Smoothies.

FINGERFOOD UND KALTE SNACKS

FINGERFOOD UND WARME SNACKS

WARME HAUPTGERICHTE